LA GUÍA PRÁCTICA DEL CUIDADOR DE PERSONAS CON DEMENCIA

LA VISIÓN DE UN MÉDICO SOBRE CÓMO SUPERAR PROBLEMAS DE CONDUCTA, MEJORAR LA COMUNICACIÓN, ACCEDER AL APOYO NECESARIO Y GARANTIZAR EL AUTOCUIDADO

PLAN DIARIO PARA FAMILIAS OCUPADAS

SAM TOROGHI MD

Primera Edición.

Contenido

Dedicatoria

A mi queridísima Nila, cuya luz guía mis esfuerzos y cuyo amor da sentido a estas páginas.

Regalo

Como muestra de mi gratitud por la compra de este libro, me complace ofrecerle un obsequio especial. *«Nutriendo la Mente: Guía Práctica para Cuidadores sobre la Alimentación del Paciente con Demencia»* es una guía esencial que ofrece consejos nutricionales expertos para mejorar la salud del cerebro.

Se centra en una hidratación óptima y en comidas fáciles de ingerir, y proporciona numerosas recetas adaptadas a las necesidades únicas de los pacientes con demencia, potenciando su función cognitiva. Escanee el código QR para descargar ahora su copia GRATUITA o vaya a: https://savvyscrolls.net/demencia

«Cuidar de aquellos que una vez nos cuidaron es uno de los más altos honores».

Tia Walker

Introducción

Tyler esperaba pasar parte de las vacaciones con su tía. El primer semestre de universidad había sido todo un reto, y había esperado alimentarse más de los ánimos que había recibido por primera vez cuando fue aceptado en la escuela de sus sueños. Tyler se detuvo en el umbral y abrió la puerta para entrar de la misma manera que siempre lo había hecho, pero el saludo fue diferente esta vez.

«¿Quién es usted? ¿Por qué está aquí? ¡Fuera de mi casa antes de que llame a la policía!» gritó la tía Sheila.

Sorprendido, Tyler respondió: «¡Tía Sheila, soy yo!». Sheila corrió hacia su teléfono para llamar a la policía. Justo entonces, su hermana, Kendra, entró corriendo en la habitación para interceptar la llamada. Tras calmar los ánimos, pidió a Tyler que se reuniera con ella en el pórtico, donde compartiría la noticia.

«A su tía Sheila le diagnosticaron demencia hace un mes más o menos», dijo Kendra. «Sabía que estaba 'resbalando', pero no sabía que era tan grave como para tener que estar aquí a tiempo completo», dijo Tyler.

«Ya me conoces, siempre estoy ahí para dirigir el barco», respondió Kendra.

Es probable que tenga este libro en sus manos porque, tras un diagnóstico de demencia, es usted quien tiene que dirigir el barco. Usted es oficialmente un cuidador, y aunque la mayoría de la gente está familiarizada con esa palabra, no todo el mundo está familiarizado con todo lo que significa. Antes de profundizar en los detalles de este papel, exploremos primero algunos hechos sobre su nueva realidad.

- En el 2020, 41,8 millones de estadounidenses prestaron cuidados no remunerados a un adulto mayor de 50 años.

- El 89% de los cuidadores atienden a un familiar u a otro ser querido, como el cónyuge.

- Se calcula que los cuidadores proporcionan cada año 470.000 millones de dólares en trabajo gratuito.

- Los cuidadores prestan cuidados no remunerados a sus seres queridos durante una media de 4,5 años.

- Los cuidadores familiares que viven con un pariente mayor dedican una media de 37,4 horas semanales a tareas de cuidado directo. Los que no viven con sus familiares dedican 23,7 horas semanales a estas tareas. [1]

Estas estadísticas pueden ser abrumadoras, por lo que la demencia no es algo que un cuidador deba asumir solo. Según Sagepub.com, enfrentarse a un diagnóstico de demencia y todo lo que involucra se hace más llevadero cuando la familia del paciente está implicada. Las familias y el personal llegan a un entendimiento compartido y se convierten en una voz unificada para el cambio, la comunicación entre el personal y las familias se hace más fuerte y aumentan la confianza y los cambios positivos por el bienestar de los pacientes. Además, mejora la confianza a la hora de hablar de la trayectoria de la demencia y de los cuidados paliativos, y el paciente recuerda con más facilidad las interacciones familiares. [2] Aun así, la demencia parece ser el único beneficiario. Pero cuando las familias comparten la carga, esta unión puede dar lugar a resultados más positivos de lo esperado.

---

1. Claire Samuels, "Caregiver Statistics: A Data Portrait of Family Caregiving in 2023," June 15, 2023, https://www.aplaceformom.com/senior-living-data/articles/caregiver-statistics.

2. Jack Hayward et al., «Interventions Promoting Family Involvement With Care Homes Following Placement of a Relative With Dementia: A Systematic Review,» *Dementia* 21, nº 2 (11 de diciembre de 2021): 618–47, https://doi.org/10.1177/14713012211046595.

Si cree que todo está a punto de cambiar porque un ser querido tiene demencia, está en lo cierto. La esperanza de vida media de una persona diagnosticada con la forma más común de demencia es de diez años, pero la enfermedad puede durar entre 2-26 años. [3] Esto significa que al momento de gestionar la vida, puede hacerse cada vez más difícil durante mucho tiempo. Afortunadamente, aunque las luchas son muchas, también lo son los recursos de apoyo. Y lo bueno es que no está solo. Los cuidadores y médicos que le precedieron han creado muchos recursos para ayudarle a navegar por la demencia de su ser querido. Pero la sobrecarga de información puede ser abrumadora.

Normalmente, una vez que diagnostican a su ser querido, lo primero de lo que se da cuenta es de lo mucho que tiene que aprender. Adquirirá un nuevo vocabulario, leerá estudios y recomendaciones, y se lanzará a portales informativos con mensajes de personas reales, con experiencias reales que le ayudarán a comprender mejor su propia situación. Como la información es infinita en Internet, es fácil quedarse atrapado en un circulo vicioso de investigación. Esta guía le ayudará a centrarse en los aspectos más críticos de la demencia y en los detalles de los cuidados que le conciernen en este momento. También le ayudará a mantenerse informado y optimista sobre el tiempo que le queda con su ser querido, en lugar de que el tiempo le parezca corto de repente.

La *Guía Práctica del Cuidador de Personas con Demencia* se basa en el «Método AAA», o «Método de Conciencia, Acción y Evaluación». La primera parte aumentará su concientización sobre la demencia explicando en profundidad el comportamiento y las etapas de la enfermedad, al tiempo que le ofrece las herramientas para gestionar este viaje con comprensión y compasión.

La segunda parte le equipará de forma más específica para pasar a la acción en su labor de cuidador a medida que vaya comprendiendo el poder de la aceptación a lo largo de este viaje, cómo realizar ajustes para proteger a sus seres queridos y cómo explorar formas de comunicarse con ellos desde las primeras fases hasta las

---

3. "What Is the Life Expectancy for Someone With Dementia?," Age Space, January 19, 2024, https://www.agespace.org/dementia/life-expectancy#:~:text=Type%20of%20Dementia, - The%20type%20of&text=%2D%208%20to%2012%20years.

últimas de la demencia. También obtendrá herramientas para enfrentarse a los días difíciles y aprenderá a cómo prestar atención cuando los comportamientos se vuelvan más desafiantes con la progresión de la enfermedad.

Por último, la tercera parte le ayudará a evaluar su papel como cuidador. La información le dará las claves para prevenir el agotamiento y le enseñará a reconocer si ha llegado el momento de abandonar su papel de cuidador si ya no es capaz de proporcionar lo que su ser querido necesita.

Leerá sobre experiencias que están en el horizonte para usted o sobre las que ya ha superado. Por otro lado, es posible que nunca vea algunas de las experiencias sobre las que lea aquí. En cualquier caso, espero que encuentre valor en cada capítulo.

Si aún no se siente un poco más respaldado, estoy seguro de que lo hará cuando termine este libro. El estrés de los cambios y retos inminentes a los que se enfrenta puede llevarle al agotamiento y al sentimiento de culpa, y no quiero que sienta ninguna de esas dos cosas. El agotamiento y la culpa interrumpirán su capacidad de estar plenamente presente hoy y de hacer el duelo adecuadamente cuando llegue el momento.

Éste es mi deseo para usted: Terminará este libro con herramientas tangibles que le ayudarán a comunicarse con su ser querido para quien la comunicación es o pronto será un reto. Esa comunicación le convertirá en un mejor defensor de sus necesidades. También descubrirá formas de encontrar el equilibrio, ya que las muchas funciones que ha desempeñado en su vida antes del diagnóstico siguen existiendo y tendrá que hacer malabares con ellas. Esta guía le ayudará en las relaciones familiares, ofreciéndole estrategias que le ayudarán a aliviar el conflicto que suele acompañar a los diagnósticos terminales. También aprenderá a manejar el estigma que acompaña a los cuidados y se encontrará en un lugar menos solitario de lo que podría haber estado de otro modo. Tanto su conocimiento de la demencia como su comprensión de sí mismo aumentarán significativamente. Al final, encontrará su ritmo y aprenderá a superar los retos esperados e inesperados del cuidado sin sacrificar su bienestar general.

Me complace guiarle en este viaje.

Soy el Dr. Sam Toroghi, especialista en Medicina Interna en Filadelfia, Pensilvania. He atendido a muchos pacientes geriátricos en distintas fases de demencia y
he asesorado a familias sobre sus estrategias de atención domiciliaria. Mi objetivo
es hacer que servir a su ser querido y su familia sea más fácil para usted. Tras
observar cómo muchas familias luchaban por reunir información que hiciera más
llevadera la vida tras un diagnóstico de demencia, decidí escribir este libro para
ofrecer todo en un solo lugar. El conocimiento es su herramienta más poderosa.
Dicen que cuando se conoce mejor, se hace mejor.

PRIMERA PARTE

SENSIBILIZACIÓN

¿Qué es la Demencia?

Antes de saber qué esperar de los cambios vitales que acompañan a la demencia y cómo manejar esos cambios, es importante entender qué es la demencia, cómo varían los tipos de demencia y cómo ésta enfermedad cambia el cuerpo y la mente. La información de este capítulo le proporcionará un marco completo del funcionamiento de la demencia que le ayudará a comprender cada uno de los capítulos siguientes. Por supuesto, algunas partes de este capítulo pueden parecer tediosas, sobre todo cuando lea las secciones sobre los tipos de demencia que no se aplican a su situación. No obstante, puede que encuentre algo interesante y útil en esas secciones de todos modos, y puede estar seguro de que el resto del libro será aplicable a usted y a su familia.

A pesar de que la demencia puede aislar, no es algo poco común . Según la Organización Mundial de la Salud:

- Más de 55 millones de personas padecen demencia en todo el mundo y cada año se producen casi 10 millones de nuevos casos.

- La demencia es actualmente la séptima causa de muerte y una de las principales causas de discapacidad y dependencia entre las personas mayores en todo el mundo.

- Las mujeres experimentan una mayor discapacidad y mortalidad debido a la demencia. Las mujeres también proporcionan el 70% de las horas de atención a las personas que viven con la enfermedad.[1]

¿Qué es exactamente la demencia? Sabemos que tiene que ver con una grave pérdida de memoria y con cambios evidentes en la personalidad y la conciencia, pero ¿es una parte normal de la vida? ¿Cómo llegamos a ella en primer lugar?

Es importante saber que la demencia no es una enfermedad específica. «Demencia» es un término genérico para referirse al deterioro de la capacidad para recordar, pensar o tomar decisiones que interfiere en las actividades cotidianas. Aunque la gente suele utilizar los términos demencia y Alzheimer indistintamente, el Alzheimer es en realidad un tipo de demencia. De hecho, es el tipo más común. Conocer sus síntomas (lo que reconoce el paciente) y signos (lo que reconoce el cuidador o el médico) le ayudará a avanzar rápidamente hacia el diagnóstico y el tratamiento. Los síntomas de la demencia incluyen problemas de memoria, atención, fluctuación del estado de ánimo, comunicación, razonamiento, juicio, resolución de problemas y percepción visual más allá de lo que es típico de los cambios relacionados con la edad. Los signos pueden incluir que un paciente se pierda en un lugar conocido, que utilice palabras poco habituales para referirse a objetos familiares, que olvide el nombre de alguien cercano, que olvide viejos recuerdos o que pierda la capacidad de realizar tareas rutinarias por sí mismo.[2]

Dado que los ancianos suelen mostrar cierto grado de pérdida de memoria, es lógico preguntarse si la demencia nos espera a todos como parte normal del envejecimiento. La buena noticia es que no. El envejecimiento normal puede incluir la pérdida de tono muscular y el debilitamiento de los huesos, la rigidez de las arterias y los vasos, cambios en la memoria que se traducen en la pérdida ocasional de objetos cotidianos, el olvido de una palabra sólo para recordarla más

---

1. World Health Organization: WHO and World Health Organization: WHO, "Dementia," March 15, 2023, https://www.who.int/news-room/fact-sheets/detail/dementia.

2. World Health Organization: WHO and World Health Organization: WHO, "Dementia."

tarde o el olvido del nombre de alguien a quien sólo ve de vez en cuando. Sin embargo, con el envejecimiento normal, los viejos conocimientos y recuerdos siguen siendo accesibles.[3]

Una vez que se sabe que la demencia no es una parte normal del envejecimiento, la siguiente pregunta natural es: «¿Qué causa la demencia?». En pocas palabras, la demencia tiene su origen en células nerviosas dañadas o perdidas y sus conexiones en el cerebro. La zona del cerebro que resulta dañada determina qué síntomas se manifiestan, pero aun así, la demencia puede tener efectos diferentes en distintas personas.[4]

Los expertos clasifican los distintos tipos de demencia en función de lo que tienen en común, como las proteínas que produce en el cerebro o la parte del cerebro afectada. Otras enfermedades y medicamentos pueden provocar reacciones que se parezcan a los síntomas de la demencia, al igual que la insuficiencia de vitaminas y minerales. En estos casos, el tratamiento puede marcar la diferencia.7F[8] En cualquier caso, cuando la memoria empieza a fallar, determinar la causa es crucial. Los médicos pueden poner a prueba las capacidades cognitivas, la capacidad de atención, la memoria y la resolución de problemas para ver si hay algún motivo de preocupación. Además, un examen físico, un análisis de sangre y un escáner cerebral pueden ayudar a determinar si existe una causa subyacente para los síntomas o si, de hecho, la demencia es la que está detrás de estos cambios.[5]

Existen ciertos factores de riesgo asociados a quién tiene más probabilidades de padecer demencia, como tener al menos 65 años, tener un familiar directo con demencia, sufrir de hipertensión o colesterol alto, fumar y haber sufrido una lesión cerebral traumática. La raza también puede influir, ya que los afroamericanos mayores tienen el doble de probabilidades que los blancos de desarrollar demencia, mientras que los hispanos mayores tienen 1,5 veces más probabilidades

---

3. World Health Organization: WHO and World Health Organization: WHO, "Dementia."

4. World Health Organization: WHO and World Health Organization: WHO, "Dementia."

5. "Dementia - Symptoms and Causes - Mayo Clinic," Mayo Clinic, February 13, 2024, https://www .mayoclinic.org/diseases-conditions/dementia/symptoms-causes/syc-20352013.

que sus homólogos blancos de padecer la enfermedad. Pero a pesar de la probabilidad basada en estos factores de riesgo, la demencia puede afectar a cualquier persona cuyos genes estén afectados.[6]

Los genes son partes específicas de nuestro ADN que contienen información que fabrica las proteínas que construyen nuestro cuerpo. Cada uno de nosotros tiene más de 20.000 genes. Normalmente, una persona tiene dos copias de cada gen, una de cada progenitor. Una variante genética se produce cuando un gen concreto difiere entre distintas personas. Si esta variante aumenta el riesgo de enfermedad, la llamamos «variante de riesgo». Existen dos tipos de enfermedades: las enfermedades de un solo gen y las enfermedades complejas o de genes múltiples

La enfermedad monogénica se produce como resultado de cambios en un solo gen. Este tipo de enfermedad es poco frecuente, cuando una niña hereda dicho gen de uno o ambos progenitores, se convertirá en portadora o desarrollará la enfermedad. Una enfermedad compleja o de genes múltiples se desarrolla en la intersección de varios factores de riesgo, como el entorno de la persona, su estilo de vida o múltiples variantes genéticas. Por estas razones, alguien no puede heredar una enfermedad compleja del mismo modo que hereda una enfermedad de un solo gen.[7]

A menudo se asume que la genética es la culpable cuando se da un patrón de enfermedad en una familia. Sin embargo, cuando los miembros de una familia comparten un historial de enfermedad compleja, es porque probablemente también comparten otros factores de riesgo.

La demencia es compleja y se desarrolla como resultado de muchos factores combinados. No suele estar causada únicamente por la genética. Podría ser el resultado de factores no genéticos, como el tabaco o la dieta, con o sin heredar las mismas variantes de riesgo genético que otros miembros de la familia. Dado que estos factores suelen compartirse en el seno de la familia, es posible que aparezca

---

6. World Health Organization: WHO and World Health Organization: WHO, "Dementia."

7. World Health Organization: WHO and World Health Organization: WHO, "Dementia."

un «historial familiar» de demencia. Pero recuerde que la demencia no suele ser una enfermedad de un solo gen, lo que hace mucho menos posible heredar la enfermedad directamente. Aun así, una persona con variantes de alto riesgo podría no desarrollar demencia en toda su vida.[8]

El gen variante de riesgo más frecuente descubierto para la demencia es el de la enfermedad de Alzheimer. Esta variante de riesgo se encuentra en el gen de la apolipoproteína E, o gen «APOE». Existen más de otras 20 variantes genéticas que se correlacionan con el Alzheimer, pero sólo aumentan mínimamente el riesgo de padecer la enfermedad. Las variantes del gen APOE son APOE2, APOE3 y APOE4. APOE4 conlleva el riesgo más significativo de desarrollo de demencia. La genética determina si una persona tiene una, dos o ninguna copia de este gen. Cuantas más copias, mayor es el riesgo de padecer Alzheimer. Las variantes de APOE también son factores de riesgo para desarrollar demencia por cuerpos de Lewy y demencia vascular.[9]

La buena noticia es que las variantes APOE no garantizan la demencia, ya que no son una causa directa. Asimismo, una persona puede desarrollar demencia sin copias de APOE4 en sus genes.[10]

En raras ocasiones, la demencia puede estar causada por una enfermedad de un solo gen, lo que significa que un progenitor puede transmitirla a un hijo sin que intervengan otros genes o factores ambientales. Cuando esto ocurre, la enfermedad tiene una personalidad diferente. Suele desarrollarse a una edad más temprana, lo que se denomina demencia de «inicio joven», y existe una tendencia a que varios familiares cercanos desarrollen el mismo tipo de demencia. En la demencia monogénica, si uno de los progenitores es portador del gen, cada hijo tiene un 50% de probabilidades de heredarlo.[11]

---

8. "Can Genes Cause Dementia?," Alzheimer's Society, October 8, 2021, https://www.alzheimers.org.uk/about-dementia/risk-factors-and-prevention/can-genes-cause-dementia.

9. "Can Genes Cause Dementia?"

10. "Can Genes Cause Dementia?"

11. "Can Genes Cause Dementia?"

La enfermedad de Alzheimer familiar, o EAF, es una forma rara de la enfermedad que se transmite de generación en generación. Si uno de los progenitores es portador del gen mutado que causa la enfermedad, cada hijo tiene un 50% de probabilidades de heredarlo. También pueden desarrollar Demencia Asociada a la Familia (DAF) a los 40 o 50 años. Afortunadamente, esto es extremadamente raro. Las pruebas genéticas pueden identificar la presencia de los cromosomas que causan esta variante de demencia, pero no pueden determinar cuándo comenzarán los síntomas. Si alguien está interesado en someterse a estas pruebas, primero, si es posible, debe asegurarse de que un familiar padece o padeció Alzheimer y no otra forma de demencia.[12]

Aunque demencia es el término frecuente para una variedad de enfermedades y, a menudo, la gente se refiere erróneamente a la demencia como Alzheimer, existen varios tipos diferentes de demencia. Abordaremos aquí cada uno de ellos.

Obtener un diagnóstico

Cuando un paciente muestra síntomas cognitivos, conductuales o motores, la demencia debe ser considerada. Pero primero deben descartarse otros trastornos, como trastornos metabólicos, enfermedades cerebrales degenerativas, derrames cerebrales o tumores. Para llegar a un diagnóstico, los médicos llevarán a cabo una evaluación que puede incluir una entrevista médica, análisis de sangre y orina, y evaluaciones físicas y psiquiátricas, escáneres cerebrales y pruebas neuropsicológicas. Para algunos tipos de demencia, puede incluso ser necesaria una punción lumbar. Los familiares y cuidadores son especialmente útiles en esta parte del proceso, ya que pueden determinar qué problemas de salud eran preexistentes y cuáles pueden ser síntomas de demencia.

Tipos de demencia

Enfermedad de Alzheimer

Definición médica: El Alzheimer es el tipo más común de demencia. Provoca cambios en la memoria, el pensamiento y el comportamiento al alterar las neuronas del cerebro y afectar a la forma en que éstas se comunican.

Prevalencia: El Alzheimer es más frecuente con la edad. Aproximadamente una de cada nueve personas mayores de 65 años padece Alzheimer. [13]

Formas: Los dos tipos principales de Alzheimer son el esporádico y el familiar. La esporádica es más frecuente y se da después de los 65 años. El tipo familiar está causada por una enfermedad genética rara y aparece a los 40 o 50 años del paciente.

Síntomas: Los primeros signos son la pérdida de memoria y la dificultad para encontrar las palabras para expresar los pensamientos cotidianos. Más allá de esto, el Alzheimer puede parecerse a una depresión. Los pacientes pierden el interés por las actividades que solían proporcionarles alegría, se vuelven más resistentes al cambio, el habla se vuelve repetitiva y pueden perderse en el entorno ordinario.

Causas: En el Alzheimer, las células y las sustancias químicas que controlan la memoria, los hábitos y la personalidad se ven interrumpidas por las proteínas tau (proteínas que ayudan a estabilizar los esqueletos internos de las células nerviosas del cerebro) que se han retorcido de forma anormal. Las proteínas anormalmente retorcidas se denominan ovillos. Estos ovillos perturban el sistema de transporte en el interior de las células, y esta perturbación puede causar que los nutrientes y otros suministros esenciales no se muevan a través de las células, provocando su muerte.

13. "Genetics of Dementia," Dementia Australia, n.d., https://www.dementia.org.au/information/genetics-of-dementia.

Factores de riesgo: Las personas que no practican ejercicio físico y mental, las que fuman y las que padecen obesidad, diabetes, colesterol alto e hipertensión tienen un mayor riesgo de desarrollar la enfermedad de Alzheimer.

Demencia Vascular

Definición médica: La demencia vascular, el segundo tipo más frecuente, es una forma de demencia caracterizada por daños derivados de una restricción del flujo sanguíneo en el cerebro (ictus).

Prevalencia: La demencia vascular representa alrededor del 20% del total de pacientes con demencia.

Formas: Los tres tipos de demencia vascular son la demencia por infarto estratégico, la demencia por infarto múltiple y la demencia vascular subcortical. La demencia por infarto estratégico se clasifica por la aparición repentina de cambios en la capacidad de pensar o en el comportamiento. A veces está causada por un gran derrame cerebral, dependiendo de su localización y tamaño. Con este tipo, si no se producen más derrames cerebrales, el paciente puede permanecer estable o mejorar con el tiempo. La demencia multiinfarto está causada por múltiples derrames cerebrales, y a medida que se producen más derrames, hay más daños en el cerebro, acompañados de un empeoramiento de los síntomas. Se cree que la demencia vascular subcortical es el tipo más común de demencia vascular y está causada por la enfermedad de pequeños vasos, esto quiere decir que afecta a los pequeños vasos sanguíneos del interior del cerebro. Este tipo de demencia se produce gradualmente a lo largo del tiempo, sin episodios repentinos de empeoramiento.

Síntomas: Los síntomas incluyen dificultad para realizar tareas que antes eran fáciles, perderse en rutas conocidas, dificultades con el lenguaje, pérdida de interés en actividades que antes disfrutaba el paciente, extravío de cosas y cambios de personalidad. Estos síntomas se hacen más prevalentes a medida que avanza la enfermedad y pueden incluir cambios en los patrones de sueño, falta de juicio, delirios y alucinaciones y retraimiento de los entornos sociales. Los problemas neurológicos, como la pérdida de fuerza o de sensibilidad en distintas partes del cuerpo, también pueden deberse a derrames cerebrales anteriores.

Causas: Este tipo de demencia está causado por un derrame cerebral importante, una serie de pequeños derrames o una hipertensión o diabetes no tratadas, que provocan una enfermedad vascular en los pequeños vasos sanguíneos del cerebro.

Factores de riesgo: Los factores de riesgo incluyen la hipertensión, la obesidad, la falta de ejercicio, el consumo de tabaco y una dieta rica en grasas saturadas y sal.

Diagnóstico: Se requiere una serie de pruebas para diagnosticar este tipo concreto de demencia, pero en última instancia, el diagnóstico se realiza si la demencia está presente y la enfermedad vascular es la causa más probable de los síntomas. Si se sospecha una demencia vascular, el médico puede realizar un examen cognitivo, un historial médico completo, análisis de sangre, un examen neurológico, un examen neuropsicológico, un escáner cerebral y una ecografía carotídea. Una ecografía carotídea comprueba las dos grandes arterias (carótidas) del cuello que suministran al cerebro sangre rica en oxígeno. Si estas arterias son más estrechas de lo que deberían, aumenta el riesgo de sufrir un ictus.

Complicaciones: Las complicaciones de la demencia vascular incluyen la incapacidad para interactuar con los demás o cuidar de sí mismo, lo que puede acabar provocando infecciones como neumonía, úlceras por presión, infecciones cutáneas e infecciones del tracto urinario.

Demencia por cuerpos de Lewy

Definición médica: La demencia por cuerpos de Lewy, o LBD (por sus siglas en inglés), es el resultado de depósitos anormales de proteínas, o «cuerpos de Lewy», en el cerebro. Estas afectan a las sustancias químicas del cerebro y causan problemas de pensamiento, movimiento, comportamiento y estado de ánimo.

Prevalencia: La LBD afecta a más de un millón de personas en Estados Unidos. Los pacientes suelen mostrar síntomas a partir de los 50 años.[14]

Formas: La demencia por cuerpos de Lewy abarca dos afecciones estrechamente relacionadas. En primer lugar, está la demencia por cuerpos de Lewy, que afecta al pensamiento y la memoria, a menudo al mismo tiempo que, o antes, comienzan los problemas con el movimiento. Luego está la demencia de la enfermedad de Parkinson, en la que los problemas de memoria y pensamiento empiezan mucho más tarde, normalmente un año o más después de que alguien empiece a tener problemas de movimiento, como temblores y rigidez, que son típicos de la enfermedad de Parkinson.

Síntomas: Las afecciones que acompañan a la LBD pueden incluir apatía, ansiedad, depresión, desmayos, estreñimiento, incontinencia urinaria, somnolencia excesiva, sentido del olfato deficiente y alucinaciones. Los pacientes pueden experimentar trastornos del comportamiento del sueño REM caracterizados por representar sus sueños mientras duermen, de modo que pueden gritar o herir a sus compañeros de sueño. Los síntomas que experimenta un paciente dependen de la zona del cerebro afectada y de la progresión de la enfermedad.[15]

Causas: Los científicos no saben exactamente qué causa la LBD, pero se sabe que la acumulación de cuerpos de Lewy está asociada a la alteración de las neuronas cerebrales que producen dos neurotransmisores clave: la acetilcolina, esencial para la memoria y el aprendizaje, y la dopamina, crucial para el comportamiento, la cognición, el movimiento, la motivación, el estado de ánimo y el sueño. Los neurotransmisores son sustancias químicas que actúan como mensajeros entre las células cerebrales.

---

14. «Alzheimer's Disease Facts and Figures,» Alzheimer's Disease and Dementia, s.f., https://www.alz.o rg/alzheimers-dementia/facts- figures#:~:text=About%201%20in%209%20people,other%20demen- tias%20as%20mayores%20Whites.

15. "Lewy Body Disease," Dementia Australia, n.d., https://www.dementia.org.au/about-dementia/ty pes- of-dementia/lewy-body-disease.

Factores de riesgo: La edad es el factor de riesgo más importante de la DBL. No existe ningún factor específico del estilo de vida asociado a la LBD. Sin embargo, otras enfermedades, como el Parkinson y los trastornos del sueño, se han relacionado con un mayor riesgo. Por último, aunque no es una enfermedad genética, tener un familiar con LBD puede aumentar el riesgo.[16]

Complicaciones: Los problemas de movimiento, los trastornos del sueño y los cambios de comportamiento son esperables y variados entre los pacientes con LBD. Estos problemas pueden incluir rigidez muscular, postura encorvada, un cambio en la escritura, problemas de equilibrio, dificultad para tragar, voz débil, trastornos del sueño (es decir, insomnio y somnolencia diurna excesiva), síndrome de piernas inquietas, depresión, ansiedad, agitación, alucinaciones y paranoia. Los pacientes también pueden experimentar síntomas cardiovasculares, como fluctuaciones de la presión arterial e irregularidades del ritmo cardíaco, así como cambios hormonales y musculares, incluyendo anomalías en la sudoración, rigidez y problemas de coordinación. [17]

Demencia frontotemporal

Definición médica: La Demencia Frontotemporal, o Trastornos Frontotemporales (FTD, por sus siglas en inglés), es el resultado de daños en las neuronas de los lóbulos frontal y temporal del cerebro. [18]

---

16. "What Is Lewy Body Dementia? Causes, Symptoms, and Treatments," National Institute on Aging, n.d., https://www.nia.nih.gov/health/lewy-body-dementia/what-lewy-body-dementia-causes - symptoms-and-treatments.

17. "What Is Lewy Body Dementia? Causes, Symptoms, and Treatments."

18. "What Are Frontotemporal Disorders? Causes, Symptoms, and Treatment," National Institute on Aging, n.d., https://www.nia.nih.gov/health/frontotemporal-disorders/what-are-frontotemporal- disorders-causes-symptoms-and-treatment.

Prevalencia: La FTD es responsable de menos de uno de cada 20 casos de demencia. [19] Casi un tercio de los pacientes con FTD tienen antecedentes familiares de demencia. [20]

Formas: Los tres tipos de FTD son la demencia frontotemporal variante conductual, la afasia primaria progresiva y los trastornos del movimiento. [21]

Síntomas: Los síntomas de la FTD suelen aparecer entre los 40 y los 65. Sin embargo, la enfermedad puede afectar a personas más jóvenes o mayores.[22] Con la variante conductual de la FTD, puede haber cambios en el comportamiento, la personalidad y el juicio, pero la memoria permanecerá intacta en su mayor parte. La afasia primaria progresiva afectará a la capacidad de hablar, leer, escribir y comprender lo que dicen los demás. Los pacientes pueden incluso quedarse mudos. [23]

Causas: La causa exacta de la FTD sigue siendo desconocida. La FTD familiar es el resultado de una mutación genética. Quienes padecen la enfermedad pueden presentar una de varias alteraciones subyacentes en el lóbulo frontal o temporal, o en ambos. [24]

---

19. Alzheimer's Research UK, "What Is Frontotemporal Dementia? | Alzheimer's Research UK," January 24, 2024, https://www.alzheimersresearchuk.org/dementia-information/types-of- dementia/frontotemporal- dementia/#:~:text=Frontotemporal%20dementia%2C%20also%20known%20as,younger%20or%20old er%20than%20this.

20. "Frontotemporal Dementia," Dementia Australia, n.d., https://www.dementia.org.au/informatio n/about-dementia/types-of-dementia/frontotemporal- dementia.

21. "What Are Frontotemporal Disorders? Causes, Symptoms, and Treatment."

22. "Frontotemporal Dementia."

23. "What Are Frontotemporal Disorders? Causes, Symptoms, and Treatment."

24. "Frontotemporal Dementia."

Factores de riesgo: El único factor de riesgo conocido de la FTD son los antecedentes familiares. Sin embargo, la mayoría de los pacientes no tienen antecedentes familiares de FTD ni de ningún otro tipo de demencia. [25]

Complicaciones: Dado que no existe cura para la FTD ni forma de ralentizar su progresión, los pacientes deben esperar cambios de comportamiento o de personalidad, agresividad y delirios, una disminución de la capacidad lingüística y problemas con el movimiento, como lentitud, rigidez y el equilibrio.[26]

Demencia relacionada con el alcohol

Definición médica: Beber demasiado alcohol a lo largo de los años puede causar demencia relacionada con el alcohol (ARD, por sus siglas en inglés), que se presenta con pérdida de memoria y dificultad para realizar tareas cotidianas, como gestionar las finanzas o cocinar. [27]

Prevalencia: Los estudios basados en la población han informado de que una de cada 152 personas de entre 30 y 64 años padece esta enfermedad.[28]

Síntomas: Los síntomas del ARD pueden variar de una persona a otra. En general, los síntomas incluyen distraerse con facilidad; pérdida de la capacidad para resolver problemas, planificar y organizarse; problemas para emitir juicios; pérdida de motivación e insensibilidad. Los escáneres cerebrales suelen mostrar la

---

25. "Frontotemporal Dementia," Dementia Australia, n.d.,

26. "What Are Frontotemporal Disorders? Causes, Symptoms, and Treatment."

27. "Alcohol-related 'Dementia,'" Alzheimer's Society, n.d., https://www.alzheimers.org.uk/about- dementia/types-dementia/alcohol-related-dementia.

28. Anniina Palm et al., "Incidence and Mortality of Alcohol-Related Dementia and Wernicke-Korsakoff Syndrome: A Nationwide Register Study," International journal of geriatric psychiatry, August 2022, https://www.ncbi.nlm.nih.gov/pmc/articles/PMC9546078/#:~:text=Population%E2%80% 90based% 20studies%20have%20reported,beneficiaries%20aged%20%E2%89%A568%20years.&tex t=A%20Spani sh%20study%20reported%20an,%3D%2048)%20of%20ARD%20patients.

contracción de algunas zonas del cerebro más que otras, sobre todo en el lóbulo frontal. [29]

Causas: Los expertos aún no tienen claro si el alcohol es directamente tóxico para las células cerebrales o si el daño cerebral se debe a una falta de vitamina B1 (tiamina) que se agrava con el consumo excesivo de alcohol. Los problemas con la nutrición suelen acompañar al consumo excesivo de alcohol y son factores que contribuyen a ello.

Factores de riesgo: Cualquiera que beba en exceso a lo largo del tiempo puede desarrollar ARD, pero la mayoría de la gente no lo hace. La dieta y el estilo de vida también pueden influir. Afecta principalmente a hombres mayores de 45 años con un largo historial de abuso de alcohol. [30]

Diagnóstico: Hacer el diagnóstico de la demencia relacionada con el alcohol puede ser un reto porque el paciente necesitará abstenerse del alcohol durante semanas para obtener una medida precisa de su memoria. Algunos expertos piensan que una evaluación es suficiente siempre que el paciente no esté intoxicado en el momento de la evaluación. Esta evaluación puede incluir una prueba en papel para comprobar la memoria y el pensamiento, un examen físico y un historial detallado de los síntomas. También puede haber preguntas sobre la ansiedad o la depresión. Puede incluir un escáner cerebral para descartar un derrame cerebral, un traumatismo físico o un tumor. Para un diagnóstico preciso, los síntomas deben estar presentes incluso cuando el paciente haya dejado de beber y los síntomas no deben apuntar a otro tipo de demencia.

Complicaciones: El ADR puede causar problemas de memoria, pérdida de la capacidad para comprender información nueva y pérdida del recuerdo de conocimientos, como dónde viven los pacientes o los lugares en los que han

---

29. "Alcohol-Related 'Dementia,'" n.d.

30. "Alcohol Related Dementia," Dementia Australia, n.d., https://www.dementia.org.au/about- dementia/types-of-dementia/alcohol-related-dementia.

estado. El paciente puede tener problemas de equilibrio incluso estando sobrio, y puede sufrir apatía, depresión o irritabilidad.[31]

Síndrome de Down y enfermedad de Alzheimer

Definición médica: Las personas con Síndrome de Down tienen una copia extra del cromosoma 21, que porta un gen que produce una proteína llamada proteína precursora amiloide, o APP. Cuando el APP se descompone, forma beta-amiloide, es decir, aglomeraciones en la placa que caracteriza al Alzheimer. Por lo tanto, en comparación con la población general, las personas con Síndrome de Down tienen una probabilidad mucho mayor de desarrollar Alzheimer a una edad mucho más temprana. A los 40 años, casi todas las personas con Síndrome de Down presentan cambios cerebrales compatibles con la enfermedad de Alzheimer. Sin embargo, no todas las personas con Síndrome de Down desarrollan formas graves de demencia.

Prevalencia: Los estudios demuestran que alrededor del 50% de las personas con Síndrome de Down manifiestan Alzheimer antes de los 60 años. Los síntomas suelen aparecer a mediados de los 50.

Síntomas: Los síntomas pueden ser difíciles de reconocer, ya que pueden presentarse como un mayor deterioro de las dificultades intelectuales existentes relacionadas con el Síndrome de Down. Esto puede incluir una disminución de la capacidad para realizar las tareas cotidianas, pérdida de la memoria a corto plazo, aumento de la apatía y la inactividad, reducción del interés por la sociabilidad, confusión, cambios en los patrones de sueño, tristeza, ansiedad e inquietud.

Demencia asociada al VIH

Definición médica: El VIH (Virus de Inmunodeficiencia Humana) es un virus que ataca al sistema inmunitario y puede conducir al SIDA (Síndrome de Inmunodeficiencia Adquirida), la fase final de la infección por VIH es en la que el sistema

---

31. "Alcohol-Related 'Dementia,'" n.d.

inmunitario está gravemente dañado. La demencia asociada al VIH se refiere al deterioro de los procesos mentales como complicación del VIH avanzado.[32]

Prevalencia: La prevalencia de la demencia asociada al VIH se situó en el 5% de la población seropositiva. [33]

Formas: La demencia asociada al VIH (DHA) es la forma más grave del trastorno neurocognitivo asociado al VIH, o HAND.[34]

Síntomas: Los síntomas pueden incluir falta de concentración, reducción de la productividad, dificultad para aprender cosas nuevas, cambios en el comportamiento y la libido, olvidos y confusión, afasia (incapacidad para hablar correctamente), retraimiento de los entornos sociales y depresión.

Causas: Los expertos aún no saben con exactitud cómo daña el VIH las células cerebrales. Es posible que las proteínas víricas afecten directamente las células nerviosas o que infecten las células del sistema inmunitario en el cerebro y la médula espinal. Otra teoría es que el VIH causa una inflamación generalizada, que puede provocar problemas de memoria y otros procesos de envejecimiento.[35]

Factores de riesgo: Aunque todos los pacientes con VIH están en riesgo, otros factores de riesgo son la diabetes, otras infecciones, la edad avanzada cuando se contrae el VIH, un nivel muy bajo de células T (células inmunitarias que se ven afectadas por el VIH) y niveles inadecuados de medicación contra el VIH (antirretroviral) en el cerebro.

---

32. "HIV And AIDS Dementia," WebMD, December 31, 2006, https://www.webmd.com/hiv - aids/dementia-hiv-infection.

33. Yunhe Wang et al., "Global Prevalence and Burden of HIV-associated Neurocognitive Disorder," *Neurology* 95, no. 19 (November 10, 2020), https://doi.org/10.1212/wnl.0000000000010752.

34. "HIV Associated Dementia," Dementia Australia, n.d., https:// dementia/types-of-dementia/aids-related-dementia.

35. "Psychosis: Causes, Symptoms, and Treatment," WebMD, December 27, 2015, https://www.webmd.com/schizophrenia/what-is-psychosis.

Complicaciones: Los síntomas pueden progresar a trastornos del sueño, psicosis, manía y convulsiones. Si el paciente no utiliza la terapia antirretroviral, los síntomas pueden empeorar y conducir a un estado vegetativo.[36]

Demencia por Encefalopatía Traumática Crónica (ETC)

Definición médica: La encefalopatía traumática crónica (ETC) es un tipo de demencia en la que los traumatismos craneoencefálicos repetidos (conmociones o subconmociones cerebrales) afectan a la función cerebral a lo largo del tiempo a un ritmo lo suficientemente alto como para interferir en la vida normal de la persona.[37]

Prevalencia: Estudios recientes sugieren que el cambio neuropatológico de la Encefalopatía Traumática Crónica (ETC) podría ser muy infrecuente en la población general. El estudio del Banco de Cerebros de Sydney informa de un cambio neuropatológico consistente con la Encefalopatía Traumática Crónica (CTE) en menos del 1% de los cerebros examinados (636 individuos), que incluían casos con y sin enfermedad neurodegenerativa.

Síntomas: No todos los científicos están de acuerdo sobre los síntomas de la ETC, pero la enfermedad se ha asociado a problemas de memoria y pensamiento, confusión, cambios de personalidad y comportamiento errático, incluida la agresividad. [38]

Factores de riesgo: La demencia por ETC se ha identificado en individuos que practican deportes que implican golpes en la cabeza, como el boxeo, el fútbol, el ciclismo de competición y otros que implican contacto o colisiones. De lo contrario, puede estar causada por agresiones, violencia doméstica, caídas frecuentes

---

36. "Psychosis: Causes, Symptoms, and Treatment."

37. "Chronic Traumatic Encephalopathy (CTE) Dementia," Dementia Australia, n.d., https://www.dementia.org.au/about-dementia/types-of-dementia/chronic-traumatic-encephalopathy- dementia.

38. "Chronic Traumatic Encephalopathy (CTE)," Alzheimer's Disease and Dementia, n.d., https://www.alz.org/alzheimers-dementia/what-is-dementia/related_conditions/chronic-traumatic- encephalopathy.

y traumatismos por explosión o estallido. Los pequeños golpes en la cabeza y las conmociones cerebrales pueden aumentar el riesgo; sin embargo, es poco probable que un número reducido de golpes en la cabeza cause un problema.[39]

Complicaciones: La ETC es delicada porque los signos pueden no aparecer hasta años o décadas después de que se produzca la lesión real. No obstante, a medida que la enfermedad avanza, puede dificultar la atención, el equilibrio y el control de las habilidades motoras.[40]

Demencia infantil

Definición médica: La demencia infantil es un trastorno mental que se manifiesta a través de diversos síntomas. No puede clasificarse como una enfermedad específica. El término médico para esta enfermedad es Lipofuscinosis Ceroide Neuronal, o LCN. Existen muchos tipos de LCN y no hay cura para ninguno de ellos. [41]

Prevalencia: Alrededor de uno de cada 2.800 bebés en todo el mundo nace con una enfermedad que provoca demencia infantil. Se trata de una incidencia relativamente baja.

Síntomas: La experiencia de cada niño con la demencia es única, y los síntomas pueden aparecer a diferentes edades. En cualquier caso, la enfermedad es progresiva y, con el tiempo, los niños pierden destrezas y habilidades. Los síntomas incluyen la pérdida de memoria, confusión, problemas de concentración y comunicación, cambios de personalidad, trastornos graves del sueño, problemas de comportamiento y emocionales.

---

39. "Chronic Traumatic Encephalopathy (CTE) Dementia."

40. "Chronic Traumatic Encephalopathy (CTE)."

41. News-Medical, "Childhood Dementia Signs and Symptoms," September 3, 2018, https://www.ne ws- medical.net/health/Childhood-Dementia-Signs-and-Symptoms.aspx.

Causas: La demencia infantil es el resultado de un daño cerebral progresivo y está causada por más de 70 trastornos genéticos raros.

Diagnóstico: El médico llegará a un diagnóstico mediante pruebas bioquímicas o genéticas. Estas pruebas pueden proporcionar un pronóstico o ayudar a los médicos a reducir los síntomas a un grupo de enfermedades.

Complicaciones: Además de los síntomas mencionados, los niños también pueden sufrir convulsiones, perder la visión, la audición o la capacidad de movimiento, y tener problemas en varios sistemas del organismo.[42]

En la actualidad, no existe cura para la demencia. Sin embargo, a medida que la ciencia evoluciona, también lo hacen los medicamentos que pueden ayudar a controlar los síntomas y mejorar la calidad de vida del paciente. Otras terapias, como la terapia conversacional, los aceites, las hierbas, la fototerapia y la estimulación nerviosa eléctrica transcutánea (TENS), pueden ser útiles para los pacientes. Saber si un tratamiento beneficiará a un paciente concreto es difícil, ya que cada persona responde de forma diferente. Incluso si un tratamiento funciona, los pacientes tardarán unas semanas en ver algunos cambios. Los tratamientos suelen durar entre 6 y 12 meses antes de que los síntomas vuelvan a empeorar. Tampoco está claro si un medicamento o tratamiento ayudará con los síntomas conductuales de la demencia. Aun así, puede merecer la pena probar estas terapias.

Saber qué tipo de demencia padece su ser querido es clave para orientar el enfoque del tratamiento. También es importante compartir esta información con el paciente para que pueda tener conocimiento de su situación y actuar en consecuencia. Es de esperar que conocer las causas de la demencia ayude a aliviar parte del misterio que rodea a la enfermedad y proporcione herramientas que ayuden a crear una hoja de ruta sobre el tratamiento y las expectativas.

Actuar

¿Sabe qué tipo de demencia padece su ser querido? Si no es así, haga una lista de sus síntomas y compare cómo se alinea su lista con las que le hemos proporcionado, o vuelva a repasar los tipos de demencia de este capítulo y destaque los síntomas que presenta su ser querido. Si un médico ya ha confirmado el estado de demencia de su ser querido, no dude en preguntar por cualquier duda que tenga. Si no le han confirmado un diagnóstico, pídales esa confirmación. Averigüe si es necesario realizar otras pruebas y si hay tratamientos médicos disponibles para su ser querido.

Comprender los distintos tipos de demencia y sus características, sienta las bases para que usted entienda la importancia de una intervención precoz. Le ayudará a empatizar con su paciente, ya que ahora entiende lo que ocurre en su mente y en su cuerpo. A continuación, conocerá las fases de la demencia y lo que puede anticipar de cara al futuro.

Comprender Las Etapas

Tyler no tenía ni idea de dónde se metía cuando pisó el pórtico de la casa de su tía Sheila durante las vacaciones de Navidad. Pero tenía claro que estaba dispuesto a ofrecer todo el apoyo que pudiera por la forma en que se presentaba a las citas de su tía mientras estaba en casa.

Él y Kendra entraron en mi despacho con Sheila, que se arrastró entre ellos. Tyler tenía las notas abiertas en su teléfono y se sentó recto en su silla, dispuesto a asimilar toda la información que pudiera.

«¿Cómo están todos hoy?» les pregunté.

Kendra suspiró. «Ha sido... un día», respondió ella.

«Soy Tyler, el sobrino de Sheila», añadió Tyler. «Me enteré de la enfermedad de la tía Sheila cuando llegué a casa hace unos días. Estoy en la universidad, así que no vengo mucho, pero quiero ayudar como pueda».

Me alegró oírlo. El apoyo familiar es de suma importancia cuando se trata del cuidado de la demencia.

«¡No necesito de su ayuda, ni la de nadie!», gritó Sheila. «No hay nada malo en mí y realmente desearía que me dejaran ir a casa».

Sabía que no debía reaccionar. Kendra había aprendido a no reaccionar. Tyler era nuevo en esto, pero supo captar perfectamente las indicaciones de los dos y se mantuvo callado.

«Sheila, me alegro de verla hoy. Necesito dedicar unos minutos a comprobar cómo está. No estaremos aquí tanto tiempo, y cuando hayamos terminado, podrá dirigirse a casa y volver a sus festividades navideñas. ¿Suena bien?"

Sheila puso los ojos en blanco. «Sólo date prisa. Tengo un pavo en el horno».

Kendra frunció los labios. Hicimos contacto visual y ella movió ligeramente la cabeza para hacerme saber que no había pavo en el horno.

«¡Puedo verte, Kendra! Ojalá dejaran de tratarme como a una niña. No soy un bebé. Soy una mujer adulta. ¡Yo los crié! Y Thomas, sé que estás preocupado porque todo el mundo está armando alboroto sobre mí, pero soy la misma tía Sheila de siempre. Simplemente estoy vieja. Todos envejecemos. Algún día envejecerán y olvidarán cosas, pero no es para tanto. ¿Podemos irnos ya?»

Kendra respiró hondo y miró a su sobrino. «Está bien, *Tyler*», dijo ella, añadiendo más cuidado a su nombre. Tyler se limpió la lágrima de la cara.

«Todos aquí están haciendo lo correcto al venir ahora a estas visitas», dije para reiterar lo que le había dicho antes a Kendra.

Aunque hay muchas maneras de manejar los detalles del cuidado de la demencia, el mejor plan de acción es buscar la ayuda de un médico en cuanto empiecen a aparecer los síntomas de la demencia.

Existen siete etapas de la demencia, cada una de las cuales presenta sus desafíos en forma de síntomas, riesgos y complicaciones. Mientras exploramos cada una de ellas, considere dónde puede estar su ser querido y si está en el buen camino para obtener el mejor resultado posible en su actual plan de cuidados.

Las siete etapas de la demencia

Etapa 1: Sin deterioro cognitivo

Nadie debe sentirse nunca mal por no buscar atención en la primera fase de la demencia porque los cambios de comportamiento pueden ser casi invisibles. No hay signos evidentes de deterioro mental. De hecho, las tres primeras etapas de la demencia, que se denominan «etapas previas a la demencia», no suelen presentar suficientes cambios como para buscar o realizar un diagnóstico, razón por la que Kendra no lo hizo con su hermana. Aun así, sepa que en esta etapa, el cerebro ya está cambiando.

Etapa 2: Deterioro cognitivo muy leve

Los síntomas de la etapa 2 pueden ser difíciles de notar porque reflejan los comportamientos normales del envejecimiento. Por esta razón, esta etapa también se denomina «deterioro de la memoria asociado a la edad». Los pacientes pueden olvidar información como el nombre de alguien o dónde han dejado las llaves. Mientras que alrededor del 40% de las personas mayores padecen alteraciones de la memoria relacionadas con la edad, sólo alrededor del 1% evolucionará hacia la demencia cada año.

Cuando Sheila empezó a perder las llaves poco después de entrar en su casa y a olvidar los nombres de las personas a las que no veía con regularidad, ella y Kendra se lo tomaron a risa y comentaron que ya no eran gallinas de primavera. Kendra no creía que la memoria defectuosa de su hermana fuera grave, teniendo en cuenta que ella extraviaba sus propias llaves todo el tiempo, y ¿quién podía recordar el nombre de un tipo con el que trabajó hace tres años? Los síntomas en la fase 2 suelen ser todavía lo suficientemente leves como para pasar desapercibidos.

Etapa 3: Deterioro cognitivo leve/Deterioro cognitivo leve

La pérdida de memoria se convierte en un problema más importante en este punto, pero aún no es tan grave como para afectar a la función diaria. Sin embargo, según el Instituto Nacional sobre el Envejecimiento, se calcula que entre el 10 y el 20% de las personas de 65 años o más con deterioro cognitivo leve (DCL) desarrollarán una demencia reconocible o diagnosticable en el plazo de un año. Si un observador sospecha que los síntomas de un ser querido reflejan un DCL, es esencial buscar la ayuda de un profesional médico. Estos síntomas incluyen:

- Olvidarse de asistir a eventos o citas

- Perder cosas

- Pequeñas pérdidas de memoria

- Perderse durante un viaje

- Disminución del rendimiento laboral

- Afasia y repetición verbal

- Dificultad al volante

- Problemas para concentrarse y resolver problemas

Sheila y Kendra sólo se veían una vez cada una o dos semanas, por lo que Kendra se perdió muchas de estas señales. Como Sheila apreciaba mucho su independencia, había mantenido intencionalmente las distancias con su hermana en cuanto se dio cuenta de que su salud estaba empeorando. Lo que hizo que Kendra arqueara una ceja fue el día en que invitó a su hermana a su casa y Sheila tardó tres veces más de lo habitual en llegar. Cuando llamó al teléfono de Sheila para preguntarle dónde estaba, esta no contestó. Kendra empezó a preocuparse de que Sheila hubiera tenido un accidente. Justo cuando estaba a punto de llamar para localizar a su hermana, Sheila se detuvo en la entrada.

«¿Por qué tardaste tanto?» preguntó Kendra.

«Perdí mi teléfono y no pude utilizar el GPS. Nos estamos haciendo viejas, hermana».

Esa excusa no habría sido preocupante si se hubieran encontrado en un lugar desconocido, pero Kendra llevaba 30 años viviendo en la misma casa. Estaba preocupada, así que decidió empezar a vigilar más de cerca a su hermana.

Etapa 4: Deterioro cognitivo moderado

Esta es la etapa en la que los síntomas de deterioro cognitivo y cambios de personalidad se hacen más evidentes y comienzan a diagnosticarse la mayoría de los casos de demencia. En esta fase, un paciente puede ser diagnosticado con demencia leve, ya que los médicos y los cuidadores pueden observar dificultades en el lenguaje, una menor capacidad para resolver problemas y otros signos de que la enfermedad está progresando. Estos síntomas incluyen:

- Retraimiento social y mal humor emocional

- Falta de capacidad de respuesta

- Disminución de la agudeza mental

- Problemas para realizar tareas rutinarias

- Olvidar los acontecimientos recientes

- Negación de los síntomas

La primera vez que me reuní con Sheila y Kendra, esta me presentó una lista de cambios que había notado en su hermana. Además de perderse en lo que debería haber sido un viaje a su casa, Sheila se había olvidado de Halloween y no había decorado su casa como había hecho todos los años durante décadas. Tenía dificultades para mantener su jardín y se había transformado de la hermana mayor amable y pragmática que siempre había sido a alguien que gritaba a la menor molestia y negaba que le pasara algo. Cuando acudieron a su cita, Sheila se enfadó porque no habían llegado al cine como Kendra había prometido, pero Kendra insistió en que era la única forma de que Sheila entrara en mi despacho.

Vi la preocupación en los ojos de Kendra cuando le dije que esta etapa puede durar alrededor de dos años. Las cosas se estaban poniendo difíciles y las dificultades no harían más que progresar. Le aseguré que aunque la demencia era dura, no era imposible de manejar y que yo estaría a su lado en cada paso del camino. Le hice saber que reclutar la ayuda de los miembros de la familia sería de gran apoyo, pero llevar la carga sola haría que el viaje fuera exponencialmente más difícil. Por eso me alegré de conocer a Tyler. A pesar de que la mayor parte del tiempo estaba fuera, en la universidad, se interesaba y estaba dispuesto a ayudar en todo lo que podía.

Etapa 5: Deterioro cognitivo moderadamente grave

La etapa 5 es lo que los profesionales suelen denominar demencia «en fase media». Es entonces cuando los pacientes tienen dificultades para realizar actividades cotidianas como vestirse o bañarse. Esta etapa suele durar de dos a cuatro años; sin embargo, cada paciente progresa a su propio ritmo.

En este punto, los pacientes requieren más apoyo y supervisión. Seguirán recordando hechos significativos sobre sí mismos, como sus propios nombres y los de sus hijos, pero pueden olvidar los nombres de otros miembros de la familia, las direcciones de sus casas o detalles sobre su juventud. Además de una pérdida de memoria pronunciada, los pacientes pueden mostrar otros síntomas como:

- Deambular

- Confusión y olvido

- Desorientación

- Reducción adicional de la comprensión y la capacidad de resolución de problemas

- Síndrome del ocaso, definido por pacientes que se vuelven más irritables, ansiosos, enfadados e irracionales al final del día.

Sheila aún no había llegado a esta fase cuando acudió a nuestra primera reunión, pero no tardaría en hacerlo. Aunque Kendra no vivía lejos, se preguntó si tendría más sentido que se fuera a vivir con Sheila. En cuanto recibió una llamada telefónica de una amiga de la familia informándole de que Sheila vagaba sin rumbo por el parque a altas horas de la noche, Kendra supo que había llegado el momento, sobre todo porque Sheila había pasado de la etapa 5 a la 6.

Etapa 6: Deterioro cognitivo grave

Llegados a este punto, los pacientes necesitan un cuidador que les ayude a realizar las actividades cotidianas, como comer, bañarse y otros cuidados personales. Los ancianos tendrán dificultades para regular el sueño, mantener interacciones sociales o comportarse adecuadamente en público. Además de las dificultades para dormir, los pacientes pueden experimentar:

- Incontinencia urinaria o fecal

- Agresión y ansiedad

- Cambios de personalidad, como paranoia o delirios

- Incapacidad para realizar las actividades cotidianas

- Pérdida pronunciada de memoria

- No reconocer a los seres queridos y cuidadores

Al seguir consultando con Kendra, le dije que estos comportamientos se vislumbraban en el horizonte de los próximos años. Hablamos de lo difícil que iba a ser ver a su hermana deteriorarse de esta manera. Le di varios recursos para ayudarla a prepararse, que compartiré en capítulos posteriores, incluidas recomendaciones sobre grupos de apoyo. Estos cambios son difíciles para el paciente y exigentes para el cuidador.

Etapa 7: Declive cognitivo muy grave

En la etapa final, que se considera demencia en fase tardía, los pacientes ya no pueden cuidar de sí mismos. Generalmente, pierden toda capacidad verbal y su movimiento se ve gravemente afectado. Otras dificultades pueden incluir la interrupción de funciones corporales, como la capacidad de masticar, tragar o respirar.

Mientras Kendra y yo hablábamos de las realidades de la demencia en fase avanzada, ella resolvió aprovechar al máximo el tiempo que tenían juntas en lugar de lamentarse por el tiempo que esperaban perder.

Aunque existen siete etapas definitivas de la demencia, la progresión de una etapa a la siguiente no es tajante. Los síntomas pueden aparecer en un orden diferente al que se considera típico, y algunas etapas pueden incluso solaparse. La cantidad de cuidados que necesita un paciente en diferentes momentos también puede variar. Algunos síntomas, especialmente los relacionados con el comportamiento, pueden desarrollarse en una etapa y reducir en una posterior. Sin embargo, la pérdida de memoria, los problemas de lenguaje y de pensamiento tienden a empeorar progresivamente con el tiempo. [1]

A pesar de su naturaleza impredecible, según la Sociedad de Alzheimer, la tendencia es de dos años para la demencia en fase inicial, de dos a cuatro años para la demencia en fase media y de uno a dos años para la demencia en fase avanzada. [2]

La razón por la que la demencia progresa de la forma en que lo hace es porque está causada por diferentes enfermedades del cerebro. En las primeras fases de todos los tipos de demencia, sólo una pequeña parte del cerebro está dañada. Por lo tanto, el paciente tiene menos síntomas, que suelen ser menores. Los síntomas varían en

---

1. Alzheimer's Society, "The Progression and Stages of Dementia," *Factsheet 458LP*, September 2020, https://www.alzheimers.org.uk/sites/default/files/pdf/factsheet_the_progression_of_alzhei mers_disea se_and_other_dementias.pdf.

2. Lauren Reed-Guy, "The Stages of Dementia," Healthline, November 27, 2023, https://www.healt hline.com/health/dementia/stages#fa-qs.

función del tipo de demencia porque los distintos tipos afectan a diferentes partes del cerebro. A medida que avanza la demencia, los síntomas tienden a parecerse más porque las partes afectadas del cerebro coinciden. La enfermedad se extiende hasta que la mayor parte del cerebro sufre daños, lo que altera todos los aspectos de la memoria, el pensamiento, el lenguaje, las emociones, el comportamiento y el físico.

La velocidad de progresión depende del tipo de demencia. Sin embargo, progresa más rápidamente si el paciente sufre otras afecciones, como enfermedades cardiacas, diabetes o hipertensión, sobre todo si estas afecciones no se controlan bien.

El paciente puede experimentar un cambio repentino en los síntomas; por lo tanto, algunos pacientes necesitarán apoyo poco después del diagnóstico, mientras que otros podrán mantenerse independientes durante años. Afortunadamente, existen pruebas de que las personas con demencia pueden adoptar ciertos comportamientos y habilidades para mantener sus capacidades intactas durante más tiempo del que lo habrían hecho de otro modo. Por ejemplo, el apoyo y una actitud positiva marcan una gran diferencia. Consumir una dieta sana, evitar el tabaco y el alcohol y participar en actividades físicas puede prolongar los días saludables. Otras medidas preventivas, como acudir regularmente al médico y mantenerse al día en las vacunas, puede ayudar al paciente a evitar nuevas enfermedades que podrían acelerar la progresión de la demencia.

Si los síntomas cambian de repente, es posible que la demencia no sea la razón. Si el comportamiento o las capacidades mentales de un paciente muestran un brusco declive en uno o dos días, podría ser un signo de infección o derrame cerebral. En estas circunstancias, póngase en contacto con un médico inmediatamente.

Independientemente del tipo de demencia que padezca un paciente, la enfermedad disminuirá su esperanza de vida, razón por la cual la demencia se denomina «enfermedad que limita la vida». Aunque enfrentarse a la mortalidad nunca es fácil, hay medidas que el paciente y los cuidadores pueden tomar para añadir calidad al tiempo que les queda. Esta es una de las razones por las que el apoyo externo es esencial.

La demencia también reduce la esperanza de vida debido a las otras enfermedades que pueden estar relacionadas con ella. Por ejemplo, el Alzheimer y la demencia vascular están estrechamente relacionados con la diabetes y las enfermedades cardiacas. Otra forma en que la demencia reduce la esperanza de vida es aumentando los efectos de otras enfermedades graves debido a la disminución de la inmunidad del paciente. Una vez que la inmunidad del paciente se debilita, es probable que desarrolle infecciones (como la neumonía) o problemas cardiovasculares (como coágulos de sangre en el cerebro o los pulmones). Debido a estas complicaciones, la demencia en fase tardía suele ser la más breve.

Además, una persona con demencia puede morir en cualquier momento de otra afección que no tenga nada que ver con la demencia, como un cáncer o una enfermedad pulmonar. Por todas estas razones y otras más, es difícil saber cuánto tiempo vivirá una persona con demencia. Sin embargo, hay promedios.

- **Alzheimer:** 8-10 años. Esta cifra es inferior en el caso de las personas diagnosticadas a los 80 o 90 años.

- **Demencia vascular:** alrededor de cinco años. Esta cifra se reduce porque es más probable que alguien con demencia vascular muera de un derrame cerebral o de un ataque al corazón que de la propia demencia.

- **Demencia con cuerpos de Lewy:** alrededor de seis años.

- **Demencia frontotemporal:** 6-8 años. Si un paciente padece también trastornos del movimiento, su demencia tiende a progresar más rápidamente. [3]

Intervención temprana

Impacto de un diagnóstico

Un diagnóstico precoz es valioso porque con un diagnóstico vienen los cuidados y el tratamiento. También permite al paciente tomar decisiones importantes sobre sus propios cuidados, apoyo, decisiones financieras y asuntos legales. En cuanto al apoyo, los cuidadores pueden disponer de la información y la orientación que necesitan desde el principio mientras sortean la enfermedad y sus retos siempre cambiantes.

Beneficios del diagnóstico

La demencia puede hacer que los pacientes sientan que están perdiendo el control, pero un diagnóstico precoz puede ayudarles a tomar las riendas de su situación actual y del futuro. Un diagnóstico ayuda a evitar otras afecciones que podrían ser perjudiciales para su salud, lo que, a su vez, les ayuda a preservar su cognición. Además, les da acceso a información, recursos, apoyo y medicamentos que podrían beneficiarles enormemente. Con el diagnóstico precoz llega la oportunidad de que el paciente comparta información importante con sus seres queridos mientras aún puede, y hay pruebas sólidas de que el diagnóstico precoz ayuda a la capacidad de los pacientes para vivir de forma independiente en sus propios hogares durante más tiempo. Los beneficios son muchos, pero uno especialmente notable es el ahorro en gastos de cuidados de larga duración o estancias hospitalarias. Por último, los fármacos y el tratamiento alternativo pueden ser más eficaces si se inician en una fase más temprana de la enfermedad.

Por qué es esencial conocer el tipo de demencia

Comprender el tipo de demencia es crucial porque permite un enfoque adaptado del tratamiento y los cuidados. Los distintos tipos de demencia pueden presentar síntomas únicos y progresar a ritmos diferentes; por ello, un conocimiento específico permite intervenciones dirigidas, una planificación pronóstica más precisa y el acceso a apoyo y recursos adecuados. Esta comprensión personalizada puede mejorar significativamente la calidad de vida de las personas con demencia y proporcionar a sus cuidadores las herramientas y expectativas necesarias para el viaje que tienen por delante.

Por qué la gente puede no querer un diagnóstico

Puede parecer que todos estos beneficios hacen que buscar un diagnóstico sea una obviedad, pero el miedo a la demencia es lo suficientemente intenso como para impedir que la gente busque la ayuda que necesita. El miedo a perder lo que han construido profesional y socialmente es suficiente para postergar las pruebas. Sin embargo, los beneficios de un diagnóstico precoz superan al miedo, ya que alguien puede estar sufriendo una afección tratable cuando cree estar enfrentándose a síntomas de demencia. Este miedo no sólo es real para el paciente, sino también para las personas de su vida que se verán afectadas por el diagnóstico.

La negación puede interponerse en el camino de un ser querido que anima a alguien con la enfermedad a buscar ayuda. Puede que incluso eviten el tema por completo. Sin embargo, a medida que la demencia avanza, la familia y los amigos suelen llegar a aceptar la enfermedad.

La demencia cambia la vida de todas las personas implicadas. Por lo tanto, la comprensión y el apoyo son las mejores elecciones de la caja de herramientas del tratamiento. Me aseguro de que las familias de mis pacientes sepan que es natural preocuparse, que es normal sentirse fuera de control y que, una vez situados los cuidados adecuados, todos se beneficiarán y se sentirán más en control.[4] Si hay alguien en el sistema de apoyo del paciente que esté dispuesto a tomar la iniciativa en la búsqueda de un diagnóstico, he aquí algunos consejos útiles sobre cómo hacerlo:

---

4. Social Care Institute for Excellence (SCIE), "Dementia - SCIE," SCIE, October 19, 2023, https:// www.scie.org.uk/dementia/symptoms/diagnosis/early-diagnosis.asp.

- **Pedir ayuda a un amigo.** A veces, la gente es más propensa a escuchar a los amigos que a la familia. Si hay algún amigo al que su ser querido respete, pregúntele si ha notado los cambios en él. Si es así, pregúnteles si estarían dispuestos a abordar el tema antes que usted o con usted.[5]

- **Pregunte a su ser querido si le gustaría que compartiera información con él.** Para saber si su ser querido está dispuesto a escucharle, pregúntele: «Si notara que algo no va bien en su salud, ¿querría que se lo dijera?». Si dicen que sí, ésta podría ser la luz verde para ponerles al corriente de los cambios que ha observado. Si dicen que no, intente un enfoque diferente.[6] Vi a un hijo utilizar esta estrategia de forma muy eficaz con un padre que era veterano militar y valoraba la honestidad tanto como su salud. Él y su familia empezaron a notar los cambios al mismo tiempo. Cuando alguien le sacó el tema, lo negó, diciendo que había pasado por cosas mucho peores que unos cuantos objetos mal colocados y momentos confusos. Sin embargo, apreciaba la opinión de su hijo, que la conocía. Así que un día su hijo le dijo: «Papá, siempre me has dicho que sea sincero contigo. Si supiera que algo va mal pero no te lo dijera, ¿cómo te sentirías?». Esto abrió los oídos del padre lo suficiente como para acceder a una evaluación y pudimos llegar a un diagnóstico, precisar el tipo de demencia que padecía el padre y comenzar el tratamiento de inmediato. El padre se alegró al saber que su diagnóstico precoz supondría una independencia que no había esperado ni considerado.

---

5. Hdoneux and Hdoneux, "How Do You Convince Your Loved One With Memory Loss to See a Doctor? – Alzheimer's and Dementia Blog – Alzheimer's Association of Northern California and Northern Nevada," *Alzheimer's and Dementia Blog – Alzheimer's Association of Northern California and Northern*

6. Hdoneux and Hdoneux, "How Do You Convince Your Loved One With Memory Loss to See a Doctor? – Alzheimer's and Dementia Blog – Alzheimers' Association of Northern California and Northern Nevada."

- **Presente opciones.** La gente no quiere sentirse impotente. De nuevo, la demencia puede hacer que alguien sienta que ha perdido completamente el control de su vida. Al explicar que existen opciones de atención, como dónde vivirán o quién les ayudará, el paciente puede sentirse menos intimidado por el futuro y más dispuesto a buscar ayuda para prolongar su calidad de vida.[7]

- **Gire el enfoque hacia el exterior.** Al afirmar que conseguir ayuda para el paciente podría aliviar el estrés de sus seres queridos, el paciente podría ver el panorama general y mostrar voluntad de buscar ayuda para ayudar a su familia y amigos.[8] Otra paciente necesitaba cada vez más ayuda de su marido, al que quería mucho. Él aún no podía jubilarse y ella podía ver la carga que le generaba trabajar a tiempo completo y cuidar de sus necesidades en evolución, pero se resistió a un diagnóstico porque pensaba que empeoraría las cosas. Se puso en contacto conmigo para saber qué hacer y le animé a adoptar este enfoque. Una vez que le hizo saber que podían solicitar asistencia si recibía un diagnóstico y que esa asistencia le ayudaría a mantenerlos con más eficacia, se puso de acuerdo con una evaluación.

- **Exprese su preocupación por el problema sin nombrarlo.** Las palabras «demencia» y «Alzheimer» son palabras aterradoras, y las palabras tienen poder. Si puede acercarse a la persona que muestra comportamientos preocupantes diciéndole: «He notado algunos cambios en usted que me tienen preocupado», en lugar de decirle: «Ha estado haciendo algunas cosas que me hacen pensar que tiene demencia», el

7. Homage, "How to Convince Your Loved One to Seek Help for Dementia - Homage," May 19, 2022, https://www.homage.sg/resources/how-to-convince-your-loved-one-to-seek-help-for-dementia/.

8. "How to Offer Help to Someone With Dementia Who Doesn't Want It," Alzheimer's Society, n.d., https://www.alzheimers.org.uk/blog/how-offer-help-someone-dementia-who-doesnt-want-it.

9. Hdoneux and Hdoneux, "How Do You Convince Your Loved One With Memory Loss to See a Doctor? - Alzheimers and Dementia Blog - Alzheimers Association of Northern California and Northern Nevada."

paciente podría mostrarse más dispuesto a someterse a un chequeo. [9]

Actuar

Considere por qué su ser querido podría rechazar la noción de un diagnóstico. ¿Es por orgullo? ¿Es que sienten que perderán su posición en la familia, en el trabajo y en la sociedad? ¿Es por miedo a la evolución de la enfermedad? Comprender sus motivos puede ayudarle a elegir la mejor manera de animarles a acudir al médico. Solicitar la ayuda de otras personas importantes para ellos también puede ser útil. Haga una lista de familiares y amigos que podrían ayudar a convencer a su ser querido de que busque un diagnóstico.

El conocimiento es poder. Esto es especialmente cierto cuando se trata de la demencia. Comprender cómo funciona y progresa la enfermedad ayuda a prepararse y a tomar decisiones. Tristemente, pensar en la demencia hace que la gente se sienta impotente, lo que puede conducir a la evitación y la negación que pueden culminar en resultados devastadores. Sabiendo que la intervención precoz es clave, es importante actuar en cuanto empiecen a aparecer los síntomas. Si la persona que presenta los síntomas rechaza la ayuda, es el momento de ser creativo. He descubierto que nada supera a la compasión cuando se trata de cualquier aspecto de la atención a la demencia.

Aunque la compasión es clave, una de las mayores ventajas cuando se trata de la demencia es la intervención temprana. En el próximo capítulo no sólo se hará hincapié en la compasión a lo largo de la fase de diagnóstico, sino también en las repercusiones y los beneficios del diagnóstico. Conocerá los síntomas, los riesgos y las complicaciones de la demencia, además de cómo prepararse para lo que está por venir.

---

9. Hdoneux and Hdoneux, "How Do You Convince Your Loved One With Memory Loss to See a Doctor? - Alzheimers and Dementia Blog - Alzheimers Association of Northern California and Northern Nevada."

Una Perspectiva Diferente

Kendra y Tyler se sentaron frente a la chimenea sorbiendo su sidra. El día había sido largo y ajetreado, así que se alegraron de los momentos de tranquilidad de la tarde. Después de que el resto de la familia se marchara, Tyler decidió quedarse para asegurarse de que su tía estaba bien.

«¿Ha sido duro hoy para ti?», preguntó Tyler.

Kendra sonrió. «Seguro que sí», respondió ella. Tomó un profundo suspiro y se balanceó en su silla.

«¿Cuánto tiempo lleva la tía Sheila haciendo cosas así?»

«¿Qué cosas? ¿Contar las mismas historias una y otra vez? ¿Olvidar palabras sencillas? Ya lleva un tiempo así. ¿Pero tropezar con las escaleras como hoy? Eso es nuevo».

«Es duro para mí verla así. La última vez que estuve en casa, parecía estar bien. Hace un par de años, corrimos juntos una carrera de 5 km», dijo Tyler.

«Lo sé. Estaba muy orgullosa. Trabajó duro para poder correr esa carrera contigo».

«¿Cómo enfermó tan rápido?», preguntó Tyler.

«Yo tenía la misma pregunta. ¿Estás bien?», preguntó Kendra.

Tyler asintió, bebió un sorbo de su taza y tomó aire. «No sé cómo lo estás haciendo, pero vendré más a casa a revisarte. Ayudaré en lo que pueda. Solo necesito asimilar todo esto».

La respuesta de Tyler a lo que parecía un cambio rápido es de esperar. La demencia puede alterar significativamente la versión de una persona a la que nos hemos acostumbrado. Para entender cómo y por qué alguien puede cambiar tan drásticamente durante la demencia, es esencial comprender primero algunos aspectos básicos sobre el cerebro.

¿Por qué cambian nuestros seres queridos?

La demencia se produce cuando el cerebro se ve afectado por una enfermedad. Los síntomas varían en función de la sección del cerebro afectada. El cerebro es un órgano intrincado y los síntomas aparecen cuando la enfermedad interrumpe el funcionamiento normal del cerebro. Comprender las partes del cerebro y sus funciones nos ayuda a entender cómo se produce la demencia cuando una parte concreta se deteriora, así que veamos esas partes.

La corteza cerebral

La corteza cerebral es una fina capa de células que recubre el exterior del cerebro. Es responsable de la memoria, el razonamiento, la toma de decisiones, el lenguaje y las habilidades sociales. Controla acciones como caminar, hablar y cada uno de los sentidos. La corteza cerebral está dividida en cuatro lóbulos o regiones. Estos cuatro lóbulos son:

- **Lóbulos temporales:** situados a ambos lados del cerebro, controlan el procesamiento de la memoria, la audición y el lenguaje. Almacenan conocimientos generales. El lóbulo izquierdo ayuda con el lenguaje y la comprensión del significado de las palabras. El lóbulo derecho se ocupa de la información visual, como el procesamiento de objetos y caras. Cada lóbulo tiene una región llamada hipocampo, que procesa los recuerdos. Almacena esos recuerdos y los pone a disposición para que los encontremos cuando queramos recordarlos. Una vez dañado el hipocampo, resulta difícil almacenar nueva información y recuerdos de acontecimientos y experiencias. El Alzheimer suele comenzar en el hipocampo o alrededor de él, lo que explica por qué la pérdida de memoria es uno de los primeros síntomas percibidos.

- **Lóbulos frontales:** justo detrás de la frente se encuentran los lóbulos frontales, que almacenan y procesan la información que permite a las personas tomar decisiones y hacer juicios racionales. Ésta es la zona más afectada en los enfermos de demencia frontotemporal, lo que provoca cambios en el comportamiento y la personalidad y dificultades para planificar, organizar y tomar decisiones. Este daño también afecta a la duración de la atención, a la capacidad de cambiar de una tarea a otra o de compaginar el interés y la motivación, y a la capacidad de filtrar lo que se dice a los demás. En algunos tipos de demencia, los lóbulos frontales tienden a sufrir daños más tarde en el desarrollo de la enfermedad.

- **Lóbulos parietales:** estos lóbulos están situados en la sección superior de la parte posterior del cerebro. El lado derecho ayuda a las personas a comprender la posición del cuerpo y los objetos en el espacio, como llevarse un tenedor a la boca al comer. El lóbulo izquierdo ayuda a las personas a leer, escribir, procesar números y diferenciar entre izquierda y derecha. Los daños en estos lóbulos provocan problemas con los gestos y los movimientos hábiles, como vestirse y cepillarse los dientes. También puede dificultar la lectura y la escritura.

- **Lóbulos occipitales:** situados en la parte posterior del cerebro, estos lóbulos se ocupan de la información visual, como el reconocimiento de colores y formas, y transmiten esta información a otras partes del cerebro. Los daños en los lóbulos occipitales acaban produciéndose en casi todos los tipos de demencia, pero no generalmente en las primeras fases. Cuando se produce el daño, puede haber graves dificultades en la percepción visual, pueden producir alucinaciones y dañar la vista.

El cerebro tiene hemisferios derecho e izquierdo que contienen el lado derecho o izquierdo de cada lóbulo. Los lóbulos hacen cosas diferentes, pero trabajan juntos.

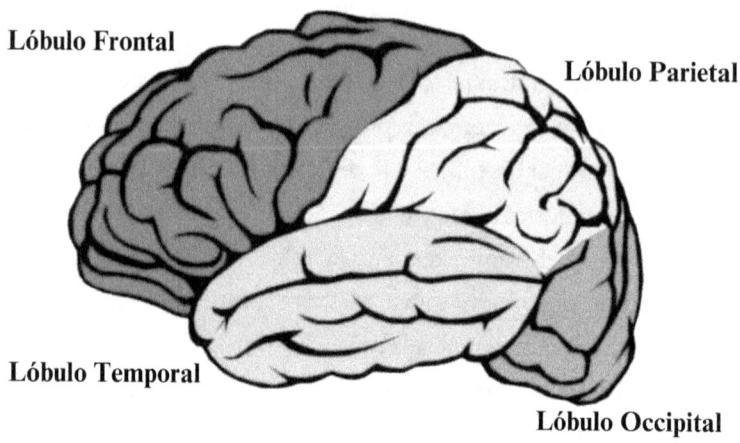

Lóbulo Frontal

Lóbulo Parietal

Lóbulo Temporal

Lóbulo Occipital

El subcortex

El subcortex permite una comunicación rápida entre las distintas partes del cerebro. Se refiere a cualquier parte del cerebro situada por debajo de la corteza cerebral que contiene los ganglios basales, el sistema límbico, el cerebelo y el tronco encefálico, que son esenciales para el movimiento, el pensamiento y las emociones.

- **Ganglios basales**: los ganglios basales son un grupo de estructuras situadas en la profundidad del subcortex que participan principalmente en el control del movimiento. Los daños en los ganglios basales son frecuentes en los tipos de demencia asociados a trastornos del movimiento, como la demencia de la enfermedad de Parkinson, la demencia con cuerpos de Lewy y la demencia de la enfermedad de Huntington. Puede provocar movimientos lentos, pérdida de movimiento o movimientos involuntarios.

- **Sistema límbico:** el sistema límbico es un conjunto de regiones del cerebro implicadas en el procesamiento de las emociones que incluye la amígdala, el hipocampo, el hipotálamo y el tálamo. Los daños en el sistema límbico son comunes en la mayoría de las demencias y modifican los sentimientos o reacciones normales de una persona. También puede provocar delirios, como pensar que hay un extraño en casa. Además, dado que el hipotálamo (que controla los niveles de hambre, sed, temperatura corporal y, hasta cierto punto, el metabolismo) forma parte del sistema límbico, los daños pueden provocar cambios en el apetito y los comportamientos alimentarios, como antojos, comer en exceso u obsesiones con ciertos alimentos. Los pacientes pueden incluso intentar comer objetos no comestibles. El tálamo envía información valiosa a la corteza cerebral e interviene en la conciencia, la percepción, la atención, la memoria y el movimiento. El tálamo también se ve afectado en la mayoría de los tipos de demencia.

- **Cerebelo:** coordina el movimiento, el equilibrio, la postura y la función ocular. Aunque nuevas pruebas han demostrado la pérdida de tejido en esta parte del cerebro en los enfermos de Alzheimer y demencia frontotemporal, pocas personas con estas afecciones parecen experimentar síntomas relacionados con el cerebelo.

- **Tronco encefálico:** Situado en la base del cerebro, donde comienza la médula espinal, el tronco encefálico ayuda a controlar funciones de supervivencia como los latidos del corazón, la frecuencia respiratoria, la presión sanguínea, el ciclo del sueño, la deglución y los estados de conciencia. Una región del tronco encefálico produce dopamina, que es esencial para muchas funciones cerebrales diferentes, incluidos el movimiento y las sensaciones de placer y recompensa. Los afectados por la demencia de la enfermedad de Parkinson y la demencia de los cuerpos de Lewy suelen tener un nivel bajo de dopamina, lo que dificulta el

---

1. "Understanding Parts of the Brain," Alzheimer's Society, March 18, 2021, https:// progress-es/parts-brain#content-start.

movimiento y afecta al estado de ánimo. [1]

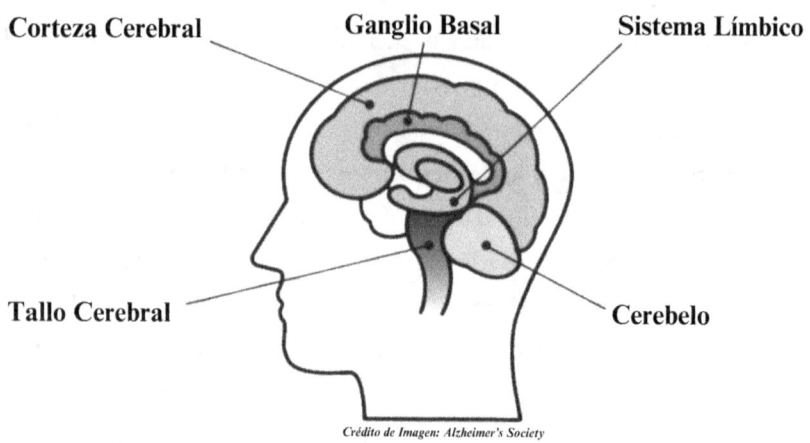

Corteza Cerebral   **Ganglio Basal**   **Sistema Límbico**

Tallo Cerebral   **Cerebelo**

Crédito de Imagen: Alzheimer's Society

Dependemos de nuestro cerebro para todo lo que hacemos, como las tareas que realizamos tanto consciente como inconscientemente. A medida que avanza la demencia, muchas de estas funciones, como la función ejecutiva, la visión, el lenguaje y la emoción/comportamiento, se vuelven más difíciles.

La función ejecutiva consiste en planificar, organizar, completar tareas, resolver problemas, establecer objetivos y tomar decisiones racionales. Para que se produzca esta función, el cerebro debe retener la información en su memoria de trabajo el tiempo suficiente para completar la tarea, como recordar por qué ha entrado en una habitación. Esta función también implica organizar y planificar una secuencia de acciones, como vestirse. Además, una vez que se pierde la función ejecutiva, la comunicación se vuelve difícil, ya que los pacientes luchan por centrarse en lo que dicen ellos y la otra persona. También puede resultar más difícil mantener una conversación mientras ocurren otras cosas en las mismas inmediaciones.

La visión, aunque pueda parecer sencilla, requiere que muchas partes diferentes del cerebro trabajen juntas simultáneamente. Una vez dañado el cerebro, aunque

---

1. "Understanding Parts of the Brain," Alzheimer's Society, March 18, 2021, https:// progress-es/parts-brain#content-start.

los ojos estén en buen estado, la visión puede convertirse en un reto. Los lóbulos occipitales recogen y procesan los datos visuales. Entonces, los lóbulos temporales asocian lo que la persona ve con lo que ha visto antes. Por lo tanto, los daños en los lóbulos temporales pueden provocar problemas de reconocimiento o que el paciente vea cosas que no son reales.

Los daños en los lóbulos temporales también pueden significar desafíos con el lenguaje, el proceso a través del cual comprendemos y nos comunicamos con el habla, la escritura y los gestos. Si los lóbulos temporales están dañados, los pacientes pueden perder la capacidad de procesar cuál es el nombre de un objeto o el uso de dicho objeto. También pueden tener dificultades para encontrar la palabra que desean en una conversación. Las palabras que conocen desde hace más tiempo son las que más recuerdan. Si hablan varias lenguas, suelen volver a la que aprendieron primero.

La comunicación entre el sistema límbico y los lóbulos frontales controla las emociones, por lo que cuando la demencia daña estas partes del cerebro, los pacientes pueden mostrar comportamientos como ansiedad extrema, agresividad ante amenazas imaginarias o reír cuando normalmente llorarían y viceversa. [2]

Si sabe a qué tipo de demencia se enfrenta su ser querido, probablemente sienta curiosidad por saber cómo afectará la enfermedad a su cerebro y cambiará su comportamiento. Los tipos de demencia más comunes empiezan todos igual: la contracción del tejido cerebral restringe ciertas partes del cerebro y, a medida que el daño se extiende, los síntomas se van pareciendo. Tomemos unos minutos para explorar cómo se comporta el cerebro en los distintos tipos de demencia.

Comportamientos del paciente por tipo de demencia

Enfermedad de Alzheimer

Con el Alzheimer, el hipocampo y sus estructuras de conexión suelen verse afectados en primer lugar, lo que dificulta a los pacientes la formación de nuevos recuerdos. Por eso su discurso se vuelve repetitivo. El hipocampo es esencial para recuperar información reciente, lo que explica por qué los pacientes pueden recordar su fiesta de décimo cumpleaños pero no pueden recordar lo que han comido anteriormente el mismo día. La amígdala se ve afectada después que el hipocampo, lo que hace que el paciente recuerde cómo se *sintió* por algo que ocurrió en lugar de los hechos del acontecimiento que tuvo lugar. A medida que el daño se extiende y los lóbulos se ven afectados, el cortex se vuelve más delgado, lo que borra los viejos recuerdos. Después, el cerebro se encoge.

Los daños en el hemisferio izquierdo hacen que los enfermos de Alzheimer tengan dificultades para encontrar palabras, y los daños en el sistema visual de los lóbulos temporales hacen que les resulte difícil reconocer caras y objetos familiares. Sin embargo, dado que las vías para la visión y la audición están separadas, aún pueden ser capaces de reconocer la voz de un ser querido. Si el lóbulo derecho resulta dañado, el paciente puede tener dificultades para juzgar las distancias en tres dimensiones, por lo que realizar acciones como subir escaleras puede suponer un reto. A medida que el daño se extiende a los lóbulos frontales, las capacidades de toma de decisiones, planificación u organización comienzan a deteriorarse. Pero no todo está perdido. Las habilidades que el paciente adquirió mucho antes, como bailar o tocar un instrumento, dependen de recuerdos procedimentales que están almacenados profundamente en el cerebro. Por lo tanto, estas habilidades suelen ser las que permanecen durante más tiempo.

Sheila experimentó muchos de estos cambios durante las vacaciones mientras Tyler visitaba su casa. Una vez que Tyler supo por qué ocurrían estas cosas, se sintió mejor preparado para interactuar con Sheila y tuvo una buena idea de lo que ocurriría a continuación.

Enfermedad de Alzheimer «atípica»

En las formas más raras de Alzheimer, en las que el hipocampo no se ve afectado en primer lugar, los problemas de memoria no suelen ser los primeros síntomas en manifestarse. Por ejemplo, en la atrofia cortical posterior, el daño temprano se produce en los lóbulos occipitales y parte de los lóbulos parietales, lo que significa que su visión y conciencia espacial se verán afectadas. Tome nota si el paciente muestra problemas para leer, aparcar el automóvil o vestirse.

Demencia vascular

Dado que este tipo de demencia está causado por una serie de enfermedades diferentes del riego sanguíneo del cerebro, los síntomas son más variables que en otros tipos de demencia. Esta demencia puede aparecer tras un derrame cerebral importante que corta el suministro de sangre y destruye una gran cantidad de tejido en un lado del cerebro. Los síntomas pueden incluir problemas para planificar, concentrarse, pensar y recordar. También puede causar debilidad en un lado del cuerpo y problemas de visión o del habla. Afortunadamente, con terapia, puede ser posible cierta recuperación.

La demencia vascular también puede ser el resultado de varios mini accidentes cerebrovasculares a lo largo del tiempo. Cada mini ictus provoca la muerte de una pequeña porción de tejido cerebral, por lo que los primeros síntomas dependerán del lugar del cerebro en el que se haya perdido el tejido. Por ejemplo, si se pierde tejido en el lóbulo frontal, puede haber problemas con la función ejecutiva.

La obstrucción de los pequeños vasos sanguíneos del cerebro puede causar un tipo diferente de Demencia Vascular llamada «Demencia Vascular Subcortical». En esta enfermedad, el daño a la materia blanca bajo la corteza causará un pensamiento más lento y desafíos con la función ejecutiva.

Demencia frontotemporal (FTD)

En todas las formas de FTD, los lóbulos frontal y temporal se encogen. Los distintos subtipos reflejarán diferentes patrones de daño en el lenguaje y el comportamiento.

En la variante conductual de la FTD, el daño precoz se produce en los lóbulos frontales. Esto provoca síntomas como aislamiento, pérdida de motivación, pérdida de inhibiciones que conducen a comentarios inapropiados y repetición de acciones y frases. En la demencia semántica, la parte frontal del lóbulo temporal izquierdo que controla la memoria semántica verbal se daña en primer lugar, lo que dificulta encontrar las palabras adecuadas para los objetos o provoca problemas en el reconocimiento de caras y objetos.

Tuve un paciente que había sido director de escuela durante mucho tiempo. Tenía el respeto de todos en su pequeña comunidad y se cuidaba mucho de presentarse siempre con clase. Un día, en una reunión del consejo escolar, se soltó con su lenguaje y contó chistes subidos de tono durante una presentación. Todo el mundo quedó desconcertado. Su asistente sabía que había estado cancelando reuniones, lo que también estaba fuera de su carácter, y le sugirió que viera a un médico. Aunque dijo que se sentía bien y culpó de su comportamiento al agotamiento, accedió a su petición. Pronto descubrimos que padecía demencia frontotemporal. Aunque el diagnóstico fue difícil de aceptar, se sintió aliviado de tener una razón para su comportamiento.

Demencia por cuerpos de Lewy (LBD)

En lugar de causar un encogimiento significativo del cerebro como el Alzheimer o la FTD, en la demencia de cuerpos de Lewy las proteínas se depositan en la corteza cerebral, el sistema límbico y el tronco encefálico. Los daños tempranos aparecen en las vías visuales y, a veces, en los lóbulos frontales, lo que podría explicar por qué los problemas de visión y atención suelen ser los primeros síntomas de la LBD. Los cuerpos de Lewy en el tronco encefálico también pueden estar relacionados con problemas de movimiento como rigidez, movilidad lenta, ligeros temblores, equilibrio, un caminar arrastrando los pies, menos expresión facial, problemas con los pequeños movimientos y sacudidas musculares repentinas, similar a lo que ocurre en la enfermedad de Parkinson. [3]

Establecer expectativas

Ahora que entiende lo que le ocurre a su ser querido, centrémonos en usted.

Aunque un enfoque único para la demencia podría ser útil, esa solución no existe. El diagnóstico de su ser querido es único y, por lo tanto, el apoyo que le ofrezca debe ser lo que llamamos «atención centrada en la persona». Es importante ser sensible a las necesidades del paciente como individuo, así que recuerde que los síntomas pueden aparecer en patrones atípicos, que algunos patrones pueden no aparecer en absoluto y que el comportamiento puede cambiar radicalmente con respecto a lo que está acostumbrado. La clave está en centrarse en el bienestar de su ser querido y abordar el diagnóstico a través de la lente de lo que aún tiene en lugar de lo que ha perdido o pronto perderá. Además, intente tener en cuenta su perspectiva. Su mundo también está cambiando y cuanto más entienda sus mecanismos de afrontamiento, mejor apoyo podrá ofrecerles.

El paciente puede afrontar los cambios utilizando:

- Estrategias prácticas como establecer recordatorios, preparar las decisiones importantes con antelación o establecer un poder notarial.

- Estrategias sociales como contar con la ayuda de la familia, el apoyo espiritual o unirse a nuevos grupos de actividad

- Estrategias emocionales como el humor, el placer a corto plazo y el positivismo

- Estrategias de mejora de la salud como el ejercicio, una alimentación sana y limitar el consumo de alcohol y tabaco

---

3. "Dementia Symptoms and Areas of the Brain," Alzheimer's Society, n.d., https:// progresses/symptoms-brain#content-start.

Su respuesta a la demencia dependerá de varios factores, como su personalidad, sus experiencias previas, su comprensión de la demencia, su entorno y el apoyo social y emocional que reciba. Pueden utilizar diferentes mecanismos de afrontamiento en diferentes momentos. Algunas personas, sin embargo, pueden no reconocer su diagnóstico de demencia. Aun así, algunos pueden ser conscientes de los cambios en su cuerpo pero optan por culpar a la edad y no a la demencia. Su diagnóstico puede cambiar la forma en que se ven a sí mismos, por lo que su sistema de apoyo debe hacer todo lo posible por tratarlos como individuos en lugar de definirlos por su enfermedad o de insistir en las capacidades perdidas. El sentido de la identidad es esencial para una persona con demencia. Aun así, el sentimiento de pérdida puede ser un obstáculo importante en su cuidado.

Los cambios de comportamiento pueden ser una fuente de estrés tanto para el paciente como para su familia y amigos. El paciente puede volverse agitado, agresivo, suspicaz o repetitivo. Esto puede ocurrir porque tienen una necesidad que no pueden comunicar. Puede que tengan hambre, sed, dolor, incomprensión, frustración o aburrimiento.

Las relaciones pueden volverse tensas por un diagnóstico de demencia. La gente puede separarse de su ser querido porque no está segura de cómo actuar, lo que aísla al paciente. A medida que la enfermedad avanza, pueden ser incapaces de mantener a los que antes mantenían. Los cuidadores pueden sacar fuerzas centrándose en los aspectos positivos del comportamiento, como el amor y el afecto que el paciente sigue mostrando. También pueden animar al paciente a participar en actividades comunitarias, servicios religiosos o aficiones.

A medida que el paciente es capaz de hacer menos cosas, la pérdida de capacidades puede conducir a una disminución de la autoestima y la confianza en sí mismo, a una reducción de los papeles y las relaciones sociales y a la incapacidad para participar en aficiones o actividades cotidianas, como cocinar y conducir. Esta pérdida de independencia y comunicación, y otros cambios fundamentales en su vida cotidiana, pueden resultar aterradores y frustrantes.

Como cuidador, procure hablar un poco más despacio y utilizar palabras y frases sencillas cuando converse con su ser querido, a quien ahora el habla le resulta más compleja que antes. Preste más atención al lenguaje corporal, como los gestos, el contacto visual y las expresiones faciales, para comprender mejor lo que intenta decirle. Sostenga el contacto visual, evite los movimientos bruscos y mantenga un espacio personal adecuado entre él y usted para no parecer intimidatorio. Por último, inclúyalo en las conversaciones y evite hablar en su nombre. No son invisibles y no quieren sentirse así. Trabaje para convertirse en un oyente más activo y evite hacer demasiadas preguntas.

Todo el mundo atesora la independencia, por lo que el sistema de apoyo del paciente debe esforzarse por dejar que su ser querido haga cosas por sí mismo para mantener su dignidad, confianza y autoestima. Si bien es importante dejar que se involucren en su propio cuidado y en sus decisiones tanto como sea posible, equilibrar la independencia con las preocupaciones por la seguridad es igual de esencial.

Otras formas de ayudar a un paciente a mantener una sensación de independencia consisten en hacer cosas *con* él en lugar de por él. Céntrese en sus capacidades más que en sus «incapacidades». Entregue tiempo suficiente para completar las tareas, divídalas en pasos más manejables y céntrese en el proceso de una tarea en lugar de en su finalización.

Cuando los pacientes ven que se les apoya en lugar de compadecerles, las relaciones tienen más posibilidades de mantenerse sólidas. Una relación sana entre el paciente y el cuidador contribuye enormemente a una buena calidad de vida. Con esto en mente, considere las otras formas de nutrir la relación.

Respete lo que es la relación en su interacción actual y no lo que fue en el pasado. Considere formas de llamar la atención sobre la relación, como mirar fotos y volver a contar historias, crear arte y música, y compartir o descubrir aficiones. Si las emociones se tensan de algún modo, pase tiempo separada, cuando sea necesario, busque un grupo de apoyo y/o apúntese a terapia. Si encuentra un apoyo en el que confíe, no tenga miedo de hablar con ellos sobre los cambios en su relación con su ser querido. Compartir es una buena liberación para los sentimientos negativos.

Por último, recuerde que un paciente puede perder la capacidad de tomar ciertas decisiones, pero a menos que ya haya mostrado signos de ello, no asuma que ha perdido esta capacidad. Manténgalo implicado en su propio cuidado y entréguele la información necesaria sobre estos mismos. Si ya ha compartido sus deseos con usted previamente, haga todo lo posible por cumplirlos. [4]

No puedo recalcarlo lo suficiente: cuando se trata de la parte más importante del cuidado de la demencia, nada supera a la paciencia. Su paciencia con su ser querido contribuye significativamente a su tranquilidad y a la suya propia. Le dará esperanza cuando las cosas parezcan estar fuera de control y le hará sentirse orgulloso de saber que le dio a su ser querido lo que más necesitaba cuando lo necesitaba. Cuando las cosas se vuelvan abrumadoras, no olvide tomar un paso atrás y evaluar la situación. Esto le ayudará a responder en lugar de reaccionar ante las cosas que le parezcan anormales o abrumadoras. Siempre es bueno tener un plan pero ser flexible. A veces es necesario cambiar los planes. Aprenda a comprender lo que puede controlar y lo que no. Sin una comprensión clara de estas cosas, se verá atrapado en un laberinto de culpabilidad que no sirve a nadie. Y por último, asegúrese de tomar sus propios cuidados mientras cuida de los demás. Si no recarga nunca, se quedará sin batería. [5]

Repase este capítulo y determine el tipo de demencia que padece su ser querido. Subraye los síntomas que ha observado en ellos. Subraye las partes del cerebro que han provocado estos cambios y, si hay algo que no entienda o sobre lo que desee más información, escriba sus preguntas para su médico.

Después, destaque de 1 a 3 estrategias que pueda aplicar para ayudarle a navegar en su relación con su ser querido.

---

4. "Understanding and Supporting a Person With Dementia," Alzheimer's Society, June 27, 2022, https://www.alzheimers.org.uk/get-support/help-dementia-care/understanding-supporting -person- dementia.

5. Peter R. Abraldes, "Patience When Caring for Someone Living With Dementia - NursePartners, Inc," *NursePartners, Inc* (blog), February 20, 2018, https://www.nursepartners.org/patience-caring-for- someone-living-with-dementia/.

Ahora que entiende cómo afecta el daño cerebral a una persona con demencia y sabe qué puede hacer para ayudar a preservar y fortalecer la relación con su ser querido mientras experimenta cambios significativos, probablemente se sienta más preparado para afrontar lo que viene después. El siguiente capítulo le ayudará a comprender las dificultades del diagnóstico y a planificar con antelación, capacitándose para enfrentarse a la demencia con agallas en lugar de con miedo.

SEGUNDA PARTE

ACCIÓN

Los Primeros Pasos

Cuando pronuncié por primera vez la palabra «demencia», observé cómo Kendra intentaba dar sentido a todo lo que significaba. Sheila no era plenamente consciente de lo que estaba ocurriendo, pero sí lo suficiente como para saber que acababa de pasar algo grave. Kendra prestó atención a medias al tintineo de su teléfono móvil mientras intentaba procesar el nombre oficial de lo que sabía que era cierto. Se preguntó cuánto tiempo pasaría antes de que su hermana ya no pudiera recordar su nombre. Sus propios recuerdos de su infancia y amistad ya no eran placeres nostálgicos; ahora, eran necesidades a las que recurrir. Una lágrima brotó por el rabillo del ojo, pero rápidamente la absorbió con el escote de su camiseta.

«Bien, ¿y ahora qué hacemos?», se le quebró la voz.

Podría haber saltado a los nombres de los medicamentos o haber hecho hincapié en lo importante que era no discutir con su hermana cuando se agitaba. Aun así, sabía que la parte más difícil de recibir esta noticia era la capacidad de aceptar el mundo al que acababan de ser arrojados.

«Haremos varias cosas, pero primero, quiero que sepa que no está sola. Le proporcionaré todos los recursos que pueda para ayudarle a salir adelante», le respondí.

Demencia es una gran palabra con grandes implicaciones, y las conversaciones en torno a ella suelen centrarse en sus luchas. Aquí encontrará soluciones que le ayudarán a prepararse y a sortear los tiempos difíciles que se avecinan. Ser cuidador es como caminar por la cuerda floja sobre un cañón de fuego. Sí, puede existir el alivio inmediato de un diagnóstico, ya que nadie disfruta persiguiendo indefinidamente la raíz de un problema. Pero luego vienen el miedo, la frustración y la pena que acompañan al diagnóstico. Lo que la demencia puede hacer a una persona se ha convertido en algo de dominio público, y es difícil admitir que alguien a quien queremos tendrá un final tan brutal y a menudo cruel. Dado que los recuerdos son la prueba de nuestro pasado, la idea de que con el tiempo sólo existan unos pocos de esos recuerdos es difícil de aceptar. Cuando se trata de una enfermedad terminal, la aceptación suele ser una de las partes más difíciles del proceso.

Adaptarse al cambio

Sabemos cómo acaba la demencia, pero es importante mantener en perspectiva el tiempo que puede tener con su ser querido desde ahora hasta entonces. Dé a todos los implicados, incluido usted mismo, tiempo para procesarlo, y deje claro a su ser querido que no está solo. La comodidad de saber que estará ahí en los momentos difíciles es poderosa.

Es normal que una persona a la que se le ha diagnosticado demencia tenga un sentimiento de pérdida de su identidad. Sheila trabajó durante años como ingeniera. Había viajado por el mundo por negocios y se había hecho mucho tiempo para el placer. Su casa estaba decorada con fotos y reliquias de sus viajes por América del Norte y del Sur, Asia, Europa y África. Ahora corría el riesgo de olvidar los recuerdos que había recogido. Cuando Kendra pensó en todas las aventuras que habían alegrado a su hermana, le rompió el corazón que su hermana no pudiera conservar esos recuerdos. Y Sheila se negaba a creer que las cosas estuvieran cambiando para ella, lo cual es una reacción normal. Una parte de su papel como cuidador consiste en recordar al paciente que aún le queda vida por vivir. Puede ayudarles a superar los sentimientos de pérdida que todo lo consumen ayudándoles a acoplarse a actividades significativas, lo que puede significar seguir haciendo cosas que ya les gustan o encontrar algo nuevo que les dé un sentido de propósito.

Lo mejor es preguntar al paciente cómo le gustaría pasar sus días. Al conocer lo que les aporta propósito, les da un sentido de propiedad en sus propias decisiones, haciéndoles sentir inmediatamente menos a merced de la enfermedad. Además, puede decidir qué actividades realizar juntos, encontrar oportunidades en la comunidad que respondan a sus intereses, probar algo totalmente nuevo o animarles a que se pongan en contacto con otras personas en su misma situación para ver cómo han decidido participar en sus propias vidas. [1]

Mientras busca una comunidad para su ser querido, recuerde reunir una para usted. Acuda a su sistema de apoyo. Si no tiene uno, consígalo. Lo va a necesitar. Asegúrese de mantener este círculo cerrado con empatía. La demencia es una experiencia humana estresante y dinámica, y para superarla necesita rodearse de personas que le proporcionen ánimo y consejos prácticos. Es fácil perderse en el papel de cuidador. De hecho, es frecuente que los cuidadores enfermen mientras cuidan a otra persona sin darse cuenta. Haga todo lo posible por mantener un sentido de sí mismo mientras realiza este trabajo y recuerde que cuidar de su ser querido es sólo una parte de lo que usted es. Janet, la esposa de mi paciente David, es un excelente ejemplo de cómo hacerlo.

Janet y David acababan de celebrar su 50 aniversario cuando se enteraron de que David estaba enfermo. David siempre había prometido que nunca se convertiría en uno de «esos hombres» que olvidan las fechas importantes de su matrimonio. Para demostrarlo, siempre deseaba a Janet un feliz aniversario antes de que ella pudiera decírselo. Así que, cuando se acercaron las 9 de la mañana de su 50 aniversario y él aún no había mencionado el hito, Janet supo que algo iba mal.

Janet había observado a la madre de David mientras su padre había pasado por esto. Tras el diagnóstico de David, Janet resolvió manejar la situación con la misma gracia que lo había hecho su suegra. Eso significaba documentar el tiempo que

---

1. "Accepting the Diagnosis," Alzheimer's Disease and Dementia, n.d., https://www.alz.org/help- support/caregiving/stages-behaviors/accepting_the_diagnosis.

les quedaba a ella y a David, así como proteger el tiempo que podía dedicar a hacer las cosas que la hacían feliz, como ir al brunch de los domingos con sus amigas y explorar las nuevas exposiciones de la galería de arte cada dos viernes. Estos momentos de respiro son esenciales, ya que a menudo la demencia puede llegar a ser emocionalmente agotadora.

Uno de los síntomas de la demencia es un cambio en las respuestas emocionales. El paciente puede tener menos control sobre sus sentimientos, lo que le hace reaccionar de forma exagerada o volverse irritable. Pueden volverse distantes, desinteresados o difíciles. Es importante recordar que estos cambios no son personales; en gran parte se deben a los daños cerebrales. La clave está en mirar más allá de los comportamientos superficiales e intentar comprender de dónde proceden esos sentimientos. Es posible que el paciente esté reaccionando a lo que percibe como necesidades físicas o emocionales insatisfechas. Por ejemplo, pueden sentirse fuera de control de sus propias vidas, como si no pudieran confiar en su juicio, o pueden sentirse socialmente degradados porque no pueden hacer las cosas que solían hacer. Puede ser que se sientan abrumados por los efectos de la enfermedad en su salud, sus finanzas, su empleo y sus relaciones. [2]

Leonard siempre había sido un padre distante. Su perspectiva de la vida continuó en su época de abuelo. Aunque vivía cerca de su familia, no veía la necesidad de pasar mucho tiempo con ellos. Aparecía en los grandes acontecimientos de sus vidas, pero en lo que a él respecta, la vida cotidiana era para ellos, y su vida cotidiana era para sí mismo. La gente supo que algo iba mal cuando empezó a vestirse de forma desaliñada y a deambular por la calle en lugar de caminar con determinación como siempre había hecho en sus paseos diarios. Aun así, el cambio más notable se produjo después de ingresar en un centro de cuidados de larga duración. Cada vez que su familia le visitaba, rompía a llorar y rumiaba: «¡Ustedes lo son todo para mí! Quiero que se queden aquí para siempre porque lo son todo para mí». Sus hijos y nietos no sabían cómo reaccionar, pero deseaban

---

2. "Redirect Notice," n.d., https://www.google.com/url?q=https://www.alzheimers.org.uk/g et- support/help-dementia-care/understanding-supporting-person-dementia-psychological-emo-tional- impact%23content- start&sa=D&source=docs&ust=1700597893263681&usg=AOv-Vaw0v_StyNEDGstR00WZi0yAq.

que hubiera sido igual de vulnerable durante todos los años que se había perdido de ellos.

La demencia es mucho por asimilar, por lo que es importante dar a las personas implicadas el tiempo necesario para llegar a un lugar de aceptación de lo que está sucediendo. Según corewoodcare.com, las acciones que ayudan a llegar a la aceptación incluyen:

- Darse tiempo para adaptarse

- Aprender sobre la enfermedad

- Descansar

- Hacer ejercicio

- Establecer rutinas y expectativas

- Buscar asesoramiento

- Contratar a un cuidador [3]

Considere que su ser querido puede no entender o aceptar el hecho de que está enfermo. Si atraviesan un periodo de negación, debe ser paciente con ellos. Mientras tanto, puede hacer cosas útiles como evaluar la seguridad de su hogar y su capacidad para conducir. [4]

Ya sea inmediatamente o después de que la negación haya desaparecido, el paciente también debe enfrentarse a esta nueva realidad. En las primeras etapas tras el diagnóstico, mientras usted digiere los importantes cambios que se avecinan,

3. Tim, Corewood Care, and Tim, "How to Handle Dementia in Loved Ones - Corewood Care," Corewood Care - Home Care & Care Management, May 22, 2023, https://corewoodcare.com/handling-dementia-in-loved-ones/.

4. Angelike Gaunt, "What to Do When a Parent Is Diagnosed With Dementia: 10 Steps to Help You Move Forward," January 2, 2024, https://www.aplaceformom.com/caregiver-resources/articles/after-dementia-diagnosis.

dé tiempo al paciente para hacer lo mismo. Es perfectamente normal y aceptable que se sientan molestos por cómo están cambiando. Mientras consideran los cambios que se avecinan, haga hincapié en las funciones y responsabilidades de su vida que aún les hacen ser quienes son, como ser abuelo, padre, hermana o hermano. También puede resultarles beneficioso hablar con un profesional (como un consejero, un terapeuta o un clérigo) sobre el diagnóstico. [5]

Planificación y decisiones importantes a tener en cuenta

La demencia afecta a la memoria del paciente antes de llegar a un diagnóstico, de ahí la necesidad de buscar un diagnóstico en primer lugar. En promedio, las personas viven diez años tras el diagnóstico. Este lento desvanecimiento de la pérdida de memoria se llama «el largo adiós».

Dado que la memoria del paciente puede desvanecerse a niveles impredecibles, hay medidas que el cuidador debe tomar lo antes posible para aliviar todo el estrés posible, tanto ahora como más adelante.

Mientras el paciente aún pueda tomar decisiones, mantenga una conversación sobre la enfermedad y sus cuidados al final de la vida y, a continuación, dé la máxima prioridad a cumplir esos deseos. Infórmense juntos sobre la enfermedad y, juntos, si su ser querido puede contribuir, concreten los detalles de su tratamiento.

Sheila no estaba interesada en discutir abiertamente los detalles de su diagnóstico. Aun así, cedió lo suficiente como para compartir con Kendra información importante sobre los planes que ya había hecho para sí misma en caso de que le ocurriera algo.

«No me importa lo que digan los médicos o las pruebas», dijo. «No tengo demencia. Eso no se da en nuestra familia. Pero me estoy haciendo mayor y me imagino que ahora es tan buen momento como cualquier otro para que sepas que ya he solucionado las cosas en caso de que enferme o simplemente me muera

---

5. Agency for Integrated Care, "Help Loved One Accept Dementia Diagnosis - Agency for Integrated Care," August 12, 2023, https://www.aic.sg/caregiving/help-loved-one-accept-dementia-diagnosis/.

algún día. Si buscas en el cajón superior de mi cómoda, tienes toda la información que necesitas. Seguros, números de cuentas bancarias... Incluso he planeado mi funeral. He reservado dinero para cualquier gasto fuerte. Sé cuánto cuesta estar enfermo. Úsalo si alguna vez lo necesitas».

Aunque Kendra se tambaleaba con la noticia del diagnóstico, planeando qué hacer en caso de que se produjeran diversos escenarios y compartiendo la noticia con las personas que necesitaban conocer el estado de Sheila, se sentía aliviada de que su hermana hubiera tomado la responsabilidad de planificar sus últimos años. Sheila era reservada e hiperindependiente, por lo que a Kendra le reconfortaba que su hermana confiara en ella para que la cuidara al final de su vida, una responsabilidad que Kendra se tomaba muy en serio.

La pérdida de independencia es una pérdida significativa. Si su ser querido ya ha hecho planes para sí mismo en caso de enfermedad, es un acto de respeto asegurarse de que esos planes no serán en vano. Si aún no han hecho planes, hacer esto juntos les dará un impulso de independencia durante este momento vulnerable. Además, mantener las cosas de la vida que les aportan alegría es crucial para ayudarles a aceptar la realidad. Si antes jugaban, ahora les siguen gustando los juegos, así que continúe jugando con ellos mientras sean capaces. Proporcióneles alimentos que les gusten, y si esos alimentos no son saludables, simplemente déles menos cantidad y sustitúyalos por alimentos más nutritivos que también sean dulces o salados, sea cual sea su preferencia. La vida de un paciente con demencia no tiene por qué convertirse en una prisión. [6]

Es importante compartir la noticia del diagnóstico con la familia y los amigos del paciente. De este modo, todos pueden hacer los ajustes necesarios en las expectativas del papel del paciente en sus vidas y en sus propias interacciones. Aunque compartir la noticia puede ser una conversación difícil de mantener, es necesario, y cuanto antes, mejor. Aunque cada situación puede ser diferente, hay algunas pautas que debe tener en cuenta:

---

6. "How to Help a Loved One With Alzheimer's or Dementia," Cedars-Sinai, n.d., https://www.cedars-sinai.org/blog/how-to-help-a-loved-one-with-alzheimers-or-dementia.html.

- Obtenga el consentimiento del paciente antes de compartir su diagnóstico.

- Sea objetivo sobre los síntomas y cómo podría progresar la enfermedad. Involucre al paciente en el proceso si puede.

- Si necesita apoyo como cuidador, hágalo saber. Sea directo y específico sobre sus necesidades.

- Céntrese en el aquí y ahora en lugar de en lo que está por venir.

- Involucre a familiares y amigos en actividades en conjunto.[7]

- Comparta la noticia en un ambiente tranquilo y relajado.

- Traiga información o notas de fuentes fiables para compartir con la familia.

- Espere reacciones diferentes y dé espacio a la gente para que exprese cómo se siente. [8]

A pesar de que Sheila no era la viva imagen de la conformidad respecto a su diagnóstico, Kendra tomó la oportunidad de compartir toda la información posible con Tyler mientras él estaba en casa de la universidad en las vacaciones de invierno. Yo le había dado a Kendra folletos y páginas web como referencia, y ella le pasó esta información a Tyler. Tyler insistió en que Kendra le mantuviera al corriente de cualquier cambio y Kendra accedió. Juntos, hicieron una lista de familiares y amigos que podrían haber ayudado de diferentes maneras. Sheila había estado sola la mayor parte de su vida y, afortunadamente, era organizada. También había planificado muy bien sus últimos años, lo que resultó útil para Kendra, Tyler y

---

7. "What Is Dementia and Its Impact on Daily Life as a Carer," n.d., https://www.carersfirst.org.uk/c aring-for-someone-with/dementia-how-to-tell-family-and-friends/.

8. Lifted Team, "How Do I Tell Family and Friends About a Dementia Diagnosis? - Lifted," Lifted, March 30, 2023, https://www.liftedcare.com/news/how-do-i-tell-family-and-friends-about-a-dem entia- diagnosis/.

cualquier otra persona que se inclinara para ayudar. La asistencia física, el apoyo emocional y los recursos financieros son enormes, teniendo en cuenta los retos que un diagnóstico de demencia puede plantear al paciente y a su familia.

Según el AJMC, se prevé que el coste del tratamiento de la demencia aumente de 321 000 millones de dólares en 2022 a más de un billón en 2050. En la actualidad, Medicare y Medicaid asumen alrededor de dos tercios de estos costes, mientras que el resto lo absorben los familiares, los seguros privados, las organizaciones de mantenimiento o gestión sanitaria y los cuidados no compensados. Además, los cuidadores de pacientes con demencia corrieron con casi el doble de gastos en promedio que los que cuidaban a pacientes sin demencia.[9]

Como ya se ha mencionado, los cuidadores familiares son vulnerables a las consecuencias para la salud de los factores estresantes crónicos asociados al cuidado de personas con demencia. Muchos cuidadores son vulnerables desde el punto de vista socioeconómico y médico. Las mujeres representan el 58% de todos los cuidadores de personas con demencia, y el 42% de los cuidadores tienen unos ingresos familiares de 50 000 dólares o menos. Cuidar a otras personas implica alteraciones en los horarios de trabajo y, a veces, la necesidad de abandonar por completo la vida laboral.[10]

Según un estudio del Instituto de Política e Innovación Sanitarias de la Universidad de Michigan, al cabo de dos años, los hogares con pacientes con demencia vieron cómo su patrimonio medio descendía de 79000 a 58.000 dólares, y sus gastos de bolsillo se duplicaban hasta rondar los 8000 dólares. Sus compañeros no vieron ninguno de estos impactos.[11]

9. Anita Pothen Skaria PharmD, "The Economic and Societal Burden of Alzheimer Disease: Managed Care Considerations," *AJMC*, November 8, 2 022, https://www.ajmc.com/view/the-economic-and-societal-burden-of-alzheimer-disease-managed-care-considerations.

10. "Dementia's Financial & Family Impact: New Study Shows Outsize Toll," Institute for Healthcare Policy & Innovation, n.d., https://ihpi.umich.edu/news/dementias-financial-family-impact-new-study- shows-outsize-toll.

11. "Dementia's Financial & Family Impact: New Study Shows Outsize Toll."

Además, «al cabo de ocho años, las personas con demencia habían gastado de su propio bolsillo el doble que sus compañeros en gastos sanitarios y habían visto descender su patrimonio a una media de 30500 dólares, mientras que sus compañeros no experimentaron ningún descenso significativo.» [12]

Con un impacto financiero tan importante, es necesario planificar al máximo. Sin embargo, las finanzas no son el único elemento de la planificación al que hay que prestar atención. Hay que tomar una serie de decisiones, y hay que tomarlas cuanto antes.

La planificación de la asistencia sanitaria se vuelve inmediatamente crucial ante un diagnóstico. Ayuda a aliviar la responsabilidad del cuidador estableciendo por escrito un testamento vital, que proporciona a los médicos información sobre el deseo de tratamiento del paciente, y un poder notarial, que permite a alguien tomar decisiones médicas por el paciente en caso de que éste no pueda hacerlo. Estas decisiones médicas pueden marcar la diferencia entre la continuación del tratamiento o las medidas de cuidados cómodos. En sus últimas fases, la demencia puede dificultar la deglución, lo que puede permitir la entrada de alimentos o líquidos en los pulmones y provocar una neumonía. Si eso ocurre, puede ser necesario un tubo de alimentación para proporcionar nutrición, un ventilador para ayudar al paciente a respirar o antibióticos para combatir la infección pulmonar. Sin embargo, es posible que no todo el mundo quiera tomar estas medidas. Por eso es vital discutir decisiones como:

- **Orden de no intubar (DNI, por sus siglas en inglés)**: una directiva que informa al personal médico de que no desea que le conecten a un respirador.

- **Orden de no resucitar (DNR, por sus siglas en inglés)**: una directiva que permite al personal médico saber que usted no desea recibir RCP ni soporte vital en caso de que la respiración o los latidos del corazón se detengan.

---

12. "Dementia's Financial & Family Impact: New Study Shows Outsize Toll."

- **Donación de órganos y tejidos**, que permite trasplantar órganos sanos a alguien que los necesite.

- **Donación de cerebros para la investigación científica**, que permite a los científicos estudiar el cerebro para el tratamiento y la prevención de la demencia. [13]

La planificación financiera implica un testamento, que aclara cómo se distribuirán los bienes tras el fallecimiento; un poder notarial duradero para las finanzas, que nombra a alguien para que tome decisiones financieras en caso de que el paciente no pueda; y un fideicomiso en vida, que nombra a un «fideicomisario» para que custodie los fondos y las propiedades cuando el paciente ya no pueda gestionar sus propios asuntos. [14]

También es importante tomar inventario de todos los bienes y deudas del paciente e identificar a todos los miembros de la familia que necesiten conocer la situación financiera del paciente o que puedan proporcionarle apoyo. Una vez que haya identificado el costo de los cuidados, es importante explorar las vías que podrían ofrecerle ayuda financiera, como las prestaciones gubernamentales, las pólizas de seguro a largo plazo y las prestaciones para veteranos, si procede. Si la situación económica es complicada, un planificador financiero puede ser un recurso excelente. [15]

Un paciente, Leonard, había servido en el ejército estadounidense durante años. Vivía solo y estaba en bastante mal estado cuando llegó a mí para una evaluación. Nos pusimos en contacto con su hijo, Derrick, que podía visitarle y ofrecerle ayuda durante unos días pero no podía cuidar de su padre a largo plazo. Tras revisar la documentación de su padre y hacer varias llamadas telefónicas, Derrick

13. "Planning After a Dementia Diagnosis | Alzheimers.gov," n.d., https:// with-dementia/planning-for-future#health-care-planning.

14. "Planning After a Dementia Diagnosis | Alzheimers.gov," n.d., https:// with-dementia/planning-for-future.

15. "Financial Planning," Alzheimer's Disease and Dementia, n.d., https:// have-alz/plan-for-your-future/financial_planning.

se enteró de que su padre reunía los requisitos para recibir cuidados de larga duración en el hogar de veteranos de la ciudad vecina. Esto supuso una gran ayuda económica y proporcionó los cuidados a tiempo completo que Leonard necesitaba.

La planificación de los cuidados a largo plazo incluye los deseos sobre dónde vivirá el paciente a medida que envejece e identifica los recursos y costos disponibles en la comunidad. Dado que la demencia puede provocar comportamientos como la deambulación y la agresividad, tiene sentido que los seres queridos empiecen a considerar la planificación de cuidados a largo plazo tan pronto como se haga el diagnóstico. Estos cuidados pueden tener lugar en el hogar o en un centro de cuidados de larga duración. Considere dónde podrá obtener el paciente el mejor apoyo, el costo de los servicios disponibles en su comunidad y lo lejos que puede estar usted de tener que trasladarlo a esta fase de cuidados.[16] Averigüe si su ser querido dispone de cobertura de Medicare o Medicaid y si su estado cuenta con un departamento de envejecimiento que le preste asistencia. Si tiene alguna pregunta, llame a la línea de ayuda de la Asociación de Alzheimer al 800-272-3900. Alguien está disponible 24/7 para responder a sus preguntas. [17]

Cuando Sheila y Kendra eran jóvenes, se encargaron en parte de cuidar de su abuelo, que había venido a vivir con ellas cuando cayó enfermo. Sheila lo recuerda como una experiencia desagradable que no quería que nadie viviera por su culpa. Así que, en las notas de su cajón superior, había incluido folletos de centros de cuidados de larga duración que quería que Kendra tuviera en cuenta si llegaba el momento en que pudiera necesitarlos.

No existe cura para la demencia, por lo tanto, **la planificación del final de la vida** es una tarea compleja que requiere su atención. Esta planificación incluye conversaciones tempranas con los familiares sobre dónde y cómo quiere morir el paciente, cómo quiere que sea su funeral y la ubicación de sus papeles y docu-

16. "Planning After a Dementia Diagnosis | Alzheimers.gov," n.d., https:// with-dementia/planning-for-future#long-term-care-planning.

17. Brian P. Dunleavy, "Caregiving for Dementia: 8 Key Steps for Care Planning," EverydayHealth.com, November 21, 2022, https:// for-care-planning/.

mentos esenciales. Si las conversaciones relativas a un testamento, las voluntades anticipadas, un DNI, un DNR y otras directrices ya han tomado lugar, la etapa de planificación del final de la vida será exponencialmente más manejable.[18]

Actuar

Tome aire. Sé que es mucho que considerar. El diagnóstico ya es bastante chocante y toda esta información sobre qué hacer a continuación, aunque útil, puede resultar rápidamente abrumadora. Tomemos un momento para dividir estas consideraciones en tareas para hacer las cosas más manejables. Responda a las siguientes preguntas:

1. ¿Cuál fue la reacción de su ser querido ante el diagnóstico de demencia? ¿Cuál fue su reacción?

2. ¿Quién forma parte de su sistema de apoyo y qué papel desempeña cada persona?

3. ¿Ha compartido el diagnóstico con otros familiares y amigos? ¿Cómo lo hizo? Si aún no lo ha hecho, ¿cómo lo hará? ¿Necesita ayuda con el plan?

4. ¿Dispone de un plan financiero a medida que avanza la enfermedad? Si no es así, ¿qué recursos podrían beneficiarle?

5. ¿Conoce las prestaciones del seguro de su ser querido?

6. ¿Existe un testamento en vida, un poder notarial, un DNI o un DNR? ¿Y los trámites para ser donante de órganos? ¿Hay alguna otra orden que deba tener en cuenta y sobre la que deba preguntar a un profesional sanitario?

7. ¿Han considerado usted y su ser querido la mejor opción para los cuidados de larga duración cuando llegue el momento? Si es así, ¿cuál es el plan?

---

18. Dunleavy, "Caregiving for Dementia: 8 Key Steps for Care Planning."

8. ¿Han mantenido conversaciones sobre cómo será el final de la vida cuando llegue el momento? ¿Cuáles son esos planes?

La demencia supone la pertenencia a un club en el que nadie quiere estar, pero una vez allí, cuantos más recursos útiles tenga, mejor. Cuando se sabe qué esperar y cómo prepararse para los cuidados a largo plazo y las decisiones sobre el final de la vida, la experiencia es mucho más llevadera. Recopilando esta información lo antes posible, acortará su lista de tareas pendientes y dará a su ser querido y a usted mismo más tiempo para el periodo de adaptación que vendrá después.

El periodo de adaptación es fundamental para crear un entorno que garantice la seguridad del paciente. A medida que avanza la demencia, el mundo empezará a parecer menos seguro para su ser querido. Incluso los lugares familiares, como su casa, pueden plantear nuevos peligros que usted no había considerado antes. El siguiente capítulo le informará de los peligros obvios y ocultos que podrían suponer una gran diferencia en la salud y seguridad de su ser querido.

Comparta su corazón, comparta su revisión

Capacitar juntos a los cuidadores

«El mayor bien que puedes hacer a otro no es sólo compartir tus riquezas, sino revelarle las suyas».- **Benjamin Disraeli.**

- Benjamin Disraeli

Ayudar a los demás sin esperar nada a cambio es un camino hacia la verdadera felicidad y la plenitud. Las personas que dan desinteresadamente suelen llevar vidas más alegres y gratificantes. Como cuidador, ya está dedicando una parte importante de su tiempo y energía al cuidado de un ser querido. Imagínese si pudiera extender esa dedicación y desinterés a otras personas necesitadas.

¿Estaría dispuesto a ayudar a alguien que nunca ha conocido sin buscar el reconocimiento por sus acciones?

Puede que se pregunte quién es esta persona. Son muy parecidos a lo que usted fue una vez: amables, deseosos de proporcionar los mejores cuidados a su ser querido, un poco inseguros y buscando orientación sobre cómo hacerlo de forma eficaz, pero inseguros sobre por dónde empezar.

Nuestra misión es muy clara: hacer que el viaje del cuidado de la demencia sea comprensible y manejable para todos los implicados. Cada acción que tomamos está al servicio de este objetivo. Llegar al mayor número de personas posible es la única manera de cumplir esta misión con eficacia.

Aquí es donde usted desempeña un papel crucial. La realidad es que la gente juzga un libro por su cubierta, y por sus reseñas. Así que, en nombre de los innumerables cuidadores que lo necesitan:

Por favor, considere dejar una reseña para este libro.

Es un acto sencillo que no cuesta un céntimo y apenas le tomará un minuto de su tiempo. Sin embargo, podría afectar profundamente a la vida de otro cuidador. Su reflexiva crítica podría ser el faro de esperanza para...

- otro cuidador, para proporcionar los mejores cuidados posibles a su ser querido.

- que otro paciente con demencia reciba el amor y los cuidados que se merece.

- otro familiar, para evitar el temido agotamiento del cuidador.

- otro hogar, descubrir nuevas formas de prosperar en medio de los desafíos.

Conseguir ese sentimiento reconfortante y marcar una diferencia tangible es fácil: sólo tiene que dejar una reseña.

https://tinyurl.com/3w67wmrv

Si estás fuera de Estados Unidos, usa este enlace (https://mybook.to/Demencia) o código QR y desplázate hacia abajo hasta encontrar la sección de reseñas:

Si la idea de ayudar a un cuidador al que quizá nunca conozca le reconforta el corazón, entonces usted es exactamente el tipo de persona que adoramos. Bienvenido a la familia.

Un sincero agradecimiento por su generosidad. Ahora, volvamos a sumergirnos en nuestra guía. Su devoto partidario, Sam Toroghi, MD.

Periodos de Ajuste

Después de que Tyler regresara a su universidad tras las vacaciones, Kendra se quedó sola al cuidado de Sheila. Parecía que el estado de Sheila empeoraba rápidamente . Tal vez sí, o tal vez sólo lo sintió así porque Kendra quedó como única cuidadora. En cualquier caso, su estrés se multiplicó.

Sheila quería saber adónde había ido «Thomas» y se enfadó cuando no volvió a aparecer. Además, había desarrollado un mal temperamento con su hermana. Kendra sentía que no podía hacer nada bien. Sheila empezó a gritar a cualquiera que se acercara a la puerta: el cartero, el repartidor de comida, los niños que vendían artículos para recaudar fondos o incluso el perro del vecino que de vez en cuando se paseaba por el pórtico. Kendra se sintió mal por su hermana y se sintió mal por sí misma. Al principio, devolvía los insultos de Sheila, pero enseguida se sentía culpable porque sabía que no era la misma Sheila de siempre. Añoraba los días anteriores a la demencia y esperaba que esta nueva vida no se prolongara durante décadas, lo que sólo la hacía sentirse culpable por desear que todo terminara. Cuando se puso en contacto conmigo, le dije que la forma en que se sentía era normal. La demencia a menudo parece imposible y se toman constantes ajustes para superar cada día. Además de comprensión, le ofrecí algunos mecanismos para afrontarla.

Las tensiones del cuidado

A lo largo de los años, he visto a los seres queridos de mis pacientes, como Kendra, sufrir más de lo necesario. Se sienten frustrados por los retos que conlleva la demencia y, encima, se sienten culpables por estar frustrados. La frustración es de esperar. Usted es humano y la demencia es difícil.

Señales de advertencia de frustración

Según caregiver.org, los signos de frustración incluyen:

- Falta de aliento

- Un nudo en la garganta

- Calambres estomacales

- Dolores de pecho

- Dolor de cabeza

- Comer compulsivamente

- Consumo excesivo de alcohol

- Aumento del tabaquismo

- Falta de paciencia

- Deseo de golpear

Cuando la demencia transforma a su ser querido en una persona nueva, sus sentimientos están justificados. Sin embargo, es vital mantener sus emociones bajo control para poder tratar al paciente con cuidado y no con ira.

Gestionar con eficacia

La frustración proviene de un lugar de impotencia; por lo tanto, es esencial reconocer lo que puede y lo que no puede controlar. Habrá muchas situaciones a lo largo de este viaje que le hacen sentirse impotente. Afortunadamente, lo único que puede controlar es su respuesta a estos sentimientos. Aprenda a reconocer los desencadenantes y las señales de alarma, practique la respiración profunda y la atención plena, cambie su forma de pensar sobre la situación, practique técnicas de comunicación asertiva y, por último, pero no menos importante, no tenga miedo de pedir ayuda.

Calmarse físicamente

Ya no estará a merced de sus sentimientos cuando note los signos de la frustración. En su lugar, puede poner en práctica estrategias para calmarse. Si es posible, sepárese de la situación para evitar hacer o decir algo de lo que pueda arrepentirse más tarde. Si cree que puede ofender a alguien saliendo de la habitación, diga que necesita ir al baño o que va a tomar el aire. Pruebe diferentes métodos tranquil-izadores para encontrar el que le funcione, como respirar profundamente, dar un paseo, meditar, rezar, escuchar música o tomar una ducha o un baño. Además, practicar técnicas de relajación con regularidad, como la respiración profunda o la meditación, puede ayudarle a seguir siendo proactivo en circunstancias frus-trantes.

Modificar sus pensamientos

Dicen que no es lo que nos ocurre lo que marca la diferencia. En cambio, es cómo nos sentimos respecto a lo que nos ocurre. ¿Y qué determina cómo nos senti-mos? Nuestros pensamientos. En efecto, es una respuesta humana natural sentir una serie de emociones en circunstancias difíciles. Aun así, si no revisamos esos pensamientos, es fácil dejar que la negatividad gobierne nuestro pensamiento. Enfrentarse a la demencia le hará sentirse fuera de control de muchas maneras. Afortunadamente, una cosa que puede controlar es su patrón de pensamiento. Echemos un vistazo a los patrones de pensamiento negativos que pueden hacer que una situación difícil se vuelva francamente insoportable. Después, contrarrestaremos los patrones de pensamiento negativos con respuestas útiles y adaptativas.

Sobregeneralización

Generalizar en exceso es tomar un caso frustrante y aplicar los sentimientos sobre esa cosa a todo. Por ejemplo, si está cocinando la cena para su ser querido y los espaguetis se caen al suelo, sobregeneralizar es pensar, «Si no es una cosa, es otra. ¿Por qué no puede salir todo bien de una vez?» Una respuesta adaptativa a la situación sería: «Oye, eso pasa. Comparado con todo lo que ha ido bien hoy, esto ni siquiera es digno de mención. Además, tengo otro paquete de espaguetis aquí mismo».

Descontando lo positivo

En lugar de dar crédito a quien lo merece, minimiza las acciones que merecen atención. Por ejemplo, si alguien le elogia por los cuidados que presta a su ser querido enfermo, responda: «No es para tanto». La gente lo hace todos los días». Una respuesta adaptativa a la situación podría ser: «Gracias. Es un reto que hago lo posible por manejar con fuerza y atención. Le agradezco que se haya dado cuenta».

Sacar conclusiones precipitadas

Esto implica asumir que conoce los motivos o las razones que hay detrás de las acciones de alguien. Sacar conclusiones precipitadas puede tomar dos formas. La primera es la lectura mental, en la que suponemos que los demás piensan negativamente de nosotros. Por ejemplo, si saludamos a alguien en público y no nos devuelve el saludo, podríamos suponer que está enfadado con nosotros o que le hemos ofendido de alguna manera. Una respuesta adaptativa sería suponer que simplemente no nos han visto o acercarnos a ellos para asegurarnos de que están bien. Otra forma de sacar conclusiones precipitadas es la adivinación, que consiste en predecir un resultado negativo en el futuro. Por ejemplo, puede que no le interese unirse a un grupo de apoyo porque «Hablar de ello no ayudará en nada, de todos modos». Una respuesta adaptativa sería: «Puede que me ayude a desahogarme». Al menos, estaré rodeada de gente que me entiende».

Afirmaciones «Debería»

La connotación de la palabra «debería» sugiere que no está haciendo algo que se supone que debería estar haciendo, y lo que está descuidando entra en conflicto con lo que realmente quiere hacer. Por ejemplo, podría decir: «Hoy no debería salir a comer. ¿Y si alguien me necesita mientras estoy fuera?». Este pensamiento puede hacerle sentir culpable o deprimido. Una respuesta adaptativa podría ser: «Está bien que hoy tome una o dos horas para mí. Le pediré a alguien que cuide de las cosas mientras estoy fuera».

Etiquetado

Etiquetar es identificarse a uno mismo o a otra persona por una acción. Por ejemplo, si pide comida para llevar en lugar de cocinar, podría pensar: «Soy vago e irresponsable con el dinero». Una respuesta adaptativa podría ser: «Este es el único día que he pedido comida para llevar esta semana. Ha sido una semana dura y no me sentiré mal por tomarme un descanso de la cocina».

Personalizar

Personalizar significa tomar la responsabilidad de circunstancias que escapan a su control, como culparse a sí mismo del deterioro de la salud de un ser querido. Una respuesta adaptativa sería: «He hecho todo lo que he podido para ayudar, pero la atención que necesita mi ser querido está ahora más allá de lo que está en mi mano proporcionarle».

Es fácil caer en patrones de pensamiento negativos, especialmente cuando el estrés es elevado. Aun así, merece la pena tomar un paso más para rehacer esos patrones de pensamiento y seguir otros más positivos. Cuando ocurra algo o se dé cuenta de que piensa negativamente, tome una pausa, fíjese en el pensamiento negativo y sustitúyalo por una idea más adaptativa.

Comunicarse con asertividad

Una forma de reducir la confusión y la frustración es mediante una comunicación asertiva. Esto es diferente de la comunicación pasiva o agresiva. La comunicación pasiva no expresa explícitamente sus necesidades y deseos, y la comunicación agresiva puede ser irrespetuosa e incompleta, lo que pone a la defensiva a aquellos con los que intenta comunicarse. Sin embargo, la comunicación asertiva se centra en sus deseos y en las necesidades de los demás, abriendo la puerta a una discusión respetuosa sobre temas acuciantes. Cuando hable con asertividad, respete sus propios pensamientos y sentimientos, exprese sus pensamientos y sentimientos sin avergonzar ni humillar a nadie más, utilice afirmaciones del tipo «yo» en lugar de «tú» y evite las afirmaciones del tipo «debería». He aquí algunos ejemplos:

Enunciado «debería»	Alternativa
Debería haber sabido que no debía decir eso.	La próxima vez, estaré más atenta a los posibles efectos de mis palabras.
No debería tomarme un día para mí. ¿Y si ocurre algo?	Solo puedo controlar lo que puedo controlar. Soy mejor cuidadora cuando tengo tiempo para mí misma.
Alguien debería ayudarme. ¡No puedo hacerlo sola!	Estaré más abierta a pedir y recibir ayuda para no estar siempre agotada.

Enunciado «debería»	Alternativa
Debería haber sabido que no debía decir eso.	La próxima vez, estaré más atenta a los posibles efectos de mis palabras.
No debería tomarme un día para mí. ¿Y si ocurre algo?	Solo puedo controlar lo que puedo controlar. Soy mejor cuidadora cuando tengo tiempo para mí misma.
Alguien debería ayudarme. ¡No puedo hacerlo sola!	Estaré más abierta a pedir y recibir ayuda para no estar siempre agotada.

El paso crítico: Pedir ayuda

Cuidar es una gran responsabilidad. Es el trabajo de un equipo, no de un individuo. Pedir ayuda no es una opción, es una necesidad. La gente lo entiende, así que no sienta que está imponiéndose cuando pida ayuda a otra persona. Comente la situación y sus necesidades con familiares y amigos para ver quién podría estar dispuesto a intervenir y tomar parte de la responsabilidad.

Kendra sabía que no podría soportar sola los largos periodos de cuidado de su hermana entre las visitas de Tyler, así que decidió recurrir a Meredith, una amiga de Sheila con la que había trabajado durante años. Kendra estaba nerviosa por pedir ayuda. Sabía que Meredith tenía su propia vida y no quería imponérsela. Tras una discusión con la enfermera y conmigo, llamó a Meredith, le explicó la situación de Sheila y le preguntó si podía venir una o dos veces por semana para ayudar con el horario diario y darle un respiro. Meredith viaja a menudo, por lo que no podía comprometerse todas las semanas, pero prometió ayudar siempre que estuviera en la ciudad.

Si alguien acepta u ofrece su ayuda, no tenga miedo de aceptarlo. No hay nada noble en tomar en solitario las responsabilidades de un cuidador. No espere a verse en un aprieto para solicitar una mano. Sea asertivo sobre lo que necesita y cuándo lo necesita y recuerde que a la gente le gusta ayudar. Les hace sentirse útiles y parte de la solución, y es una expresión de amor tanto para ellos como para usted. Puede pedir a otras personas que visiten a su ser querido y charlen con él, que le preparen o encarguen comida, o que le ayuden con las tareas del jardín o la colada. También puede pedir a quienes estén dispuestos a arrimar el hombro que lleven al paciente a las citas o que se queden con él unas horas mientras usted toma tiempo libre para cuidar de él.

En cuanto a usted, los límites son vitales. Aprenda cuándo decir no y permítase hacerlo sin sentirse culpable. Usted es humano, necesita descansar, y si da sin darse nunca tiempo para recargarse, no podrá aportar tanto como podría hacerlo de otro modo, ni ahora ni a largo plazo.[1]

Crear una rutina

Las rutinas proporcionan estructura, y la estructura proporciona expectativas que hacen que la gente se sienta segura. Esta sensación de seguridad es vital tanto para usted como para el paciente, ya que la demencia cambia las cosas con rapidez y frecuencia. La familiaridad que conlleva una rutina aporta comodidad y calma a una persona que está perdiendo su capacidad para planificar, iniciar y completar actividades. Esto también les ayuda a realizar actividades más fácilmente, dándoles una sensación de control y de independencia continuada. Además, una vez que se establece un patrón familiar, la rutina diaria se incrusta en la parte de la memoria a largo plazo del cerebro.

Cuando establezca una rutina, empiece por lo básico. ¿Cuándo y cómo se baña, viste, asea, come, va al baño y hace ejercicio el paciente? ¿Cuáles son sus ropas, comidas y espectáculos favoritos? En el momento del diagnóstico, observe estas cosas para poder ayudar a mantenerlas. Cuanto más pueda facilitarles actividades acordes con su vida anterior a la demencia, tanto higiénicas como de ocio, mejor.

---

1. "Dementia, Caregiving, and Controlling Frustration - Family Caregiver Alliance," Family Caregiver Alliance, February 4, 2022, https:// frustration/.

Recopile toda la información que pueda sobre su modo de vida anterior a la demencia para que pueda mantener las cosas lo más coherentes posible. Es igualmente esencial permitir que el paciente haga todo lo que pueda por sí mismo durante todo el tiempo que pueda. Trabaje para mantener las rutinas incluso cuando la enfermedad progrese. A medida que empiecen a perder habilidades, realicen tareas juntos antes de que usted tome las tareas por completo. Aunque hacerlo todo uno mismo desde el principio puede resultar más fácil, no es lo mejor para el paciente. Los cambios pequeños e incrementales dejan menos sorpresas, lo que ayuda a aliviar la ansiedad y a minimizar los comportamientos indeseables. 2

Kendra tuvo la ventaja de vivir durante años a pocos minutos de Sheila, por lo que estaba familiarizada con su vida cotidiana. Hizo una lista de todas las cosas que sabía sobre la rutina de su hermana y se sentó un día a tomar notas intencionadamente de las cosas que no sabía. Convirtió esta lista en un horario para mantenerse a sí misma en la tarea cuando se sintiera abrumada y planeó pasársela a Tyler, Meredith o quienquiera que la ayudara más adelante. Si bien hacer esto proporcionó alivio.

Para Kendra, el estrés podría haberse evitado en un principio si no hubiera tomado todas las tareas al principio por amabilidad y desinterés. Hacerlo hizo que se quemara rápidamente y contribuyó a la rápida pérdida de habilidades de Sheila. Le había dado instrucciones para que no intentara asumir todas las responsabilidades ella sola por estas razones. Independientemente de lo virtuoso, o incluso eficiente que se sienta el absorber toda la responsabilidad, el resultado final es casi siempre el mismo: agotamiento para el cuidador y quizás ansiedad añadida para el paciente. Todos se benefician de compartir las tareas desde el principio.

Al crear una rutina, tenga en cuenta lo siguiente:

1. Haga las mismas cosas a la misma hora del día y en el mismo orden.

---

2. Admin, "The Important of Routine and Familiarity to Persons With Dementia," Alzheimer's Project, June 7, 2020, https://alzheimersproject.org/the-importance-of-routine-and-familiarity-to-persons -with- dementia/.

2. Incluya el ejercicio o el movimiento en la rutina, como un paseo matutino.

3. Incluya actividades mentalmente terapéuticas o que le acoplen, como rompecabezas o música.

4. Mantenga las opciones sencillas. Por ejemplo, sirva el mismo menú todas las semanas u ofrezca sólo una o dos opciones de comida.

5. Determine a qué hora del día funciona mejor el paciente y haga coincidir las tareas más implicadas con esa hora.

6. Mantenga un calendario y un reloj a la vista del paciente para que pueda estar al tanto del día y la hora y saber lo que va a pasar.

7. La repetición es buena. Ayuda al paciente a sentirse competente.

8. Si su ser querido necesita un cuidador que no sea usted, mantenga un cuidador constante en lugar de rotar a los cuidadores. Esto ayuda a generar confianza y a reducir los cambios. También crea una relación que facilita que los cuidadores sepan si algo no va bien con el paciente.[3]

9. Avise a su familia y amigos de la hora de visita en su rutina para reducir al mínimo la espontaneidad.[4]

Tenga en cuenta que, a medida que avanza la demencia, atenerse a un horario real puede resultar más difícil, ya que la persona con demencia se vuelve más lenta para comprender y mantenerse organizada. Cumplir con una determinada franja horaria con una persona en las fases media y avanzada de la demencia puede convertirse en un reto para el paciente y el cuidador. En estos casos, en lugar de

---

3. Esther Heerema Msw, "The Benefits of Routines for People With Dementia," Verywell Health, July 29, 2022, https://www.verywellhealth.com/using-routines-in-dementia-97625.

4. "Daily Care Plan," Alzheimer's Disease and Dementia, n.d., https://www.alz.org/help- support/caregiving/daily-care/daily-care-plan.

utilizar las horas exactas, puede utilizar «la hora de la mañana», «la hora de la merienda» o «la hora de la cena» para mantener el horario rutinario.

Un entorno seguro

El entorno físico del paciente con demencia es crucial para su seguridad e independencia. Pueden ser necesarias algunas modificaciones para ayudar con la pérdida de memoria, la desorientación, la coordinación, la movilidad y la seguridad. Realice sólo los cambios necesarios para reducir al mínimo la confusión. Se requieren diferentes consideraciones para los entornos interiores frente a los exteriores.

El ambiente interior debe ser relajante y traer recuerdos felices. La iluminación es un factor importante, así que asegúrese de que la iluminación de la casa es suficiente pero no demasiado brillante, y coloque lámparas de noche en lugares clave (el baño, el pasillo, el dormitorio) para guiar a su ser querido una vez que oscurezca fuera. Tenga en cuenta los niveles de ruido (los ruidos fuertes son molestos para las personas con demencia), los efectos de los espejos y los colores o estampados. Intente eliminar cualquier cosa que el paciente pueda encontrar aterradora, como sombras, brillos y reflejos.

Los suelos deben ser seguros, así que preste atención a los suelos resbaladizos, las alfombras o tapetes sueltos y el desorden que pueda hacer que el paciente se caiga. Revise las cerraduras, puertas, ventanas, escaleras y balcones en busca de fallos que deban modificarse. Asegúrese de que el calentador de agua esté a una temperatura que no provoque quemaduras y de que el aire acondicionado y la calefacción funcionen correctamente. Considere la posibilidad de instalar luces con sensores o temporizadores si el paciente es un vagabundo nocturno. Instale pasamanos a ambos lados de todas las escaleras y marque las puertas y ventanas de cristal con cinta adhesiva. Por último, mantenga el interior de la vivienda a una temperatura cómoda, ajuste la ropa del paciente si hace demasiado frío o calor y mantenga las puertas que dan al exterior cerradas con llave por la noche para evitar que el paciente salga de casa.

Las zonas al aire libre también deben ser un entorno seguro y relajante donde el paciente pueda realizar actividades relajantes. Considere el estado del pasto del jardín, si lo hay, y la posibilidad de poner las mangueras de agua en un temporizador para que su ser querido no tenga que acordarse de apagarlas. Si hay mascotas cerca, asegúrese de que están seguras y bien cuidadas. Las vallas también deben ser seguras y estar cerradas. Sin embargo, si antes no había valla, desconfíe de instalar una nueva, ya que puede hacer que el paciente se sienta atrapado. Por último, elimine los obstáculos de los senderos, reubique las plantas venenosas o con pinchos y guarde bajo llave los productos químicos.

A continuación, consideremos áreas específicas del hogar para la seguridad.

Cocinas

Aquí la seguridad es esencial, ya que es fácil cortarse o quemarse en una cocina. Adhiérase a la regla general de permitir que el paciente siga siendo lo más independiente posible durante el mayor tiempo posible, intentando al mismo tiempo que las cosas le resulten familiares. Si necesita sustituir un electrodoméstico, intente que sea lo más parecido posible al original. Considere los electrodomésticos con características de seguridad, como interruptores de apagado automático y la colocación de los cables lejos de las fuentes de agua o calefacción. Etiquete los armarios para que el paciente pueda encontrar las cosas con facilidad y deje los artículos más utilizados fuera para facilitar el acceso. Reduzca la temperatura del calentador de agua en la fuente. Dependiendo del estado del paciente, puede que tenga que retirar o guardar bajo llave cuchillos afilados, productos tóxicos y medicamentos.

Salas de estar

Asegúrese de que las pasarelas son seguras y considere la posibilidad de reordenar los muebles si es necesario. Proporcione una silla resistente y cómoda para que el paciente pueda sentarse y levantarse con facilidad y considere la posibilidad de impermeabilizarla en caso de que su ser querido padezca incontinencia. Retire los muebles inestables como mecedoras o artículos con ruedas, cubra los bordes afilados y retire los revestimientos del suelo o alfombras sueltas. Si hay piezas con las que sea fácil tropezar, como cuadros bajos, retírelas también.

Tenga cuidado con los objetos afilados o rompibles, pero deje adornos seguros que le traigan recuerdos felices.

Dormitorios

Debe ser fácil para el paciente entrar y salir de la cama, así que tenga en cuenta la altura y la firmeza de la cama. Las luces nocturnas suaves pueden ayudar al paciente a encontrar el cuarto de baño. Asegúrese de que el suelo es seguro retirando las alfombras y tapetes sueltos.

Baños

Prepare el cuarto de baño para que el paciente pueda ser lo más independiente posible, respetando al máximo su intimidad. Considere la posibilidad de etiquetar el inodoro y las puertas, instalar barras de agarre y alfombrillas de goma en la ducha, y guardar bajo llave objetos potencialmente peligrosos como maquinillas de afeitar, secadores de pelo y productos de limpieza. Puede que tenga que quitar cerraduras para que el paciente no se encierre. Por último, busque la forma de que la temperatura del cuarto de baño sea cómoda, si es posible, como por ejemplo colocando un ventilador o un calefactor.

Lavaderos

Mantenga el lavadero lo más sencillo y desordenado posible. Si el paciente ya no puede utilizar esta zona con seguridad, guarde bajo llave los productos tóxicos, guarde la plancha y apague la lavadora y la secadora en la pared.

A medida que avanza la demencia, los recuerdos se desvanecen, incluidos los recuerdos de cómo moverse por la casa. Preste atención a lo que olvida el paciente para saber qué ayudas para la memoria debe utilizar. Por ejemplo, si olvidan las tareas diarias, escríbalas en una pizarra en un lugar central. Si olvidan las llaves, cuélguelas en un gancho cerca de la puerta. También puede considerar ayudas tecnológicas de apoyo como recordatorios telefónicos, alarmas y mensajes de audio. Estas ayudas pueden ser tan sofisticadas como un sistema GPS que ayuda a localizar a una persona si se pierde.[5]

Actuar

Las claves para crear un entorno seguro son la prevención, la simplificación y la paciencia, al tiempo que se equilibran la seguridad y la independencia. Tenga en cuenta todos los cambios que se están produciendo en la vida de su ser querido y haga las adaptaciones oportunas. Utilice esta lista de comprobación de alzheim er.ca para tomar nota de los cambios que debe realizar en el hogar.[6]

LISTA DE COMPROBACIÓN DE LA SEGURIDAD EN EL HOGAR	Sí	No
¿Necesito guardar las alfombras y asegurar los tapetes para evitar caídas?		
¿Son seguras las escaleras para la persona a la que cuido?		
¿Es capaz la persona con demencia de utilizar con seguridad los electrodomésticos de la cocina y el baño?		
¿Hay que bajar la temperatura del calentador de agua?		
¿Hay medicamentos, sustancias de limpieza o productos químicos de jardinería que deban guardarse bajo llave?		
¿Tengo que estar presente cuando la persona con demencia fume un cigarrillo, o debo esconder el mechero y las cerillas?		
¿Debo cerrar con llave algunas de las puertas o cambiar la ubicación de las cerraduras?		
¿Debería considerar la instalación de equipos de seguridad en el cuarto de baño (por ejemplo, barras de sujeción, un asiento de inodoro elevado y una alfombrilla antideslizante)?		
¿La iluminación elimina suficientemente las sombras que puedan causar confusión?		
¿Hay objetos que confundan a la persona con demencia (por ejemplo, cuadros, espejos)?		

Explorar Formas de Comunicación

La salud de Sheila no tardó en empezar a deteriorarse. Aún sabía quién era Kendra y, aunque se había sentido cómoda con Tyler cuando la visitaba, no podía recordar su nombre. Al poco tiempo, cada vez olvidaba más cosas, como cuándo cambiarse de ropa o qué medicamento tomar. Sin embargo, lo que a Kendra le resultaba más difícil era lo complicado que se estaba volviendo comunicarse con Sheila.

Retos de comunicación

La comunicación es clave en cualquier relación. Este es especialmente el caso cuando se trata de cuidar a alguien con demencia. Una buena comunicación será un salvavidas para usted como cuidador, y ayudará al paciente a mantener el sentido de sí mismo, las relaciones y la calidad de vida. Aunque es cierto que las conversaciones serán más difíciles a medida que avance la enfermedad, la comunicación eficaz sigue siendo posible.

Desde las primeras fases hasta las últimas, la demencia dificultará progresivamente el habla, provocando la frustración de todos los implicados. El paciente puede tener cada vez más problemas para encontrar las palabras adecuadas para expresarse, su discurso puede volverse repetitivo o puede decir una cosa cuando quiere decir otra. Estos cambios pueden desencadenar emociones negativas en su ser querido, convirtiendo su comportamiento en un reto. Es importante destacar que las dificultades lingüísticas son imprevisibles. Pueden cambiar de un día para otro o incluso dependiendo de la hora del día. El lenguaje puede convertirse en una barrera importante si el paciente está cansado, tiene dolor, no se siente bien o se encuentra en un entorno incómodo. El tipo de demencia que padezca el paciente también puede ser un factor. Por ejemplo, la demencia frontotemporal suele plantear problemas de lenguaje antes que otros tipos de demencia. Los cambios que puede observar, aparte de la pérdida de capacidad del paciente para encontrar las palabras que busca, pueden ser su uso de palabras relacionadas (decir «peine» en lugar de «cepillo»), la sustitución de palabras («la cosa en la que viajamos» en lugar de «automóvil»), el uso de palabras sin significado, el uso de un revoltijo de palabras o la vuelta al idioma que el paciente aprendió primero si habla más de un idioma. Además, los problemas de visión o audición pueden agravar las dificultades comunicativas.

A medida que el paciente pierde su capacidad de comunicación, también pierde la capacidad de hacer que los cuidadores sean conscientes de sus necesidades. Hay una sensación de atrapamiento que surge al querer compartir información pero no poder hacerlo. Esta pérdida de la capacidad de decir lo que sienten y lo que quieren puede conducir a la depresión, que acelera las complicaciones de la demencia. Alguien que antes era un comunicador vivaz puede sentir que se ha perdido a sí mismo a causa de la enfermedad. Y puede ser desconcertante o incluso embarazoso para el cuidador cuando no puede entender lo que el paciente intenta transmitir o, a la inversa, cuando lo que intenta transmitir no se oye o no se entiende.

La frustración que acompaña a la incapacidad para comunicarse puede irritar al paciente y desencadenar un comportamiento inadecuado. Además de la frustración, puede que añoren la estimulación social de la que disfrutaban antes. En este punto, el aislamiento y la soledad se convierten en problemas importantes. Por lo tanto, es esencial que los seres queridos hagan un esfuerzo adicional para mantener conexiones significativas.

Dado que la demencia afecta a la forma de pensar de las personas, también puede afectar a su capacidad para seguir una conversación. Los pacientes pueden necesitar ayuda para centrarse en una conversación o para entender lo que han dicho los demás. Puede que piensen más despacio o que les cueste organizar las palabras en una respuesta adecuada. También puede notar que pasan fácilmente de un tema a otro. Por último, los cambios en la comunicación pueden dar lugar a comentarios inapropiados, preguntas repetitivas o creer cosas que no son ciertas.[1]

Los problemas de comunicación también pueden ser un efecto secundario de los medicamentos. Tenga en cuenta que si se produce un cambio repentino en el comportamiento de su ser querido en cuestión de horas, el delirio podría ser la causa. El delirio es la rápida aparición de confusión y alteración de la conciencia, a menudo acompañada de alucinaciones y agitación, que puede ser consecuencia de diversas afecciones médicas, quirúrgicas o psiquiátricas como infecciones, problemas cardíacos o pulmonares, efectos secundarios de los medicamentos, etc. Se considera una emergencia médica que requiere atención inmediata.

Hablando en la práctica: Estrategias de comunicación

Cuando Kendra se planteó ingresar a Sheila en un centro de cuidados de larga duración, hablamos de todos los beneficios y retos de la decisión. Si Kendra se mudara con Sheila, ésta se sentiría más segura en la familiaridad de su propia casa. Quedarse en su propia casa le aseguraría un entorno familiar siempre que empezara a deambular, y Kendra podría llegar rápidamente hasta su hermana para ayudarla en un entorno que conocía bien. Pero Kendra estaba agotada y las necesidades médicas de Sheila empezaban a parecerle más de lo que estaba capacitada para manejar por sí sola. Por otro lado, si Sheila ingresara en un centro asistencial, dispondría de la atención médica permanente que necesita y su entorno podría ser incluso más seguro, lo que reduciría la posibilidad de que Sheila deambulara fuera de las instalaciones y desapareciera. Sin embargo, esto supondría una mayor carga de viajes para Kendra, ya que el centro de cuidados

---

1. "Dementia and Language," Alzheimer's Society, n.d., https:// dementia/symptoms-and-diagno-sis/symptoms/dementia-and-language#content-start.

de larga duración más cercano estaba a una hora de distancia. Significaría menos oportunidades para que las hermanas se acoplaran en actividades diarias juntas y conectaran de la forma en que habían estado conectando desde que recibieron el diagnóstico.

Kendra temía que si el personal del centro no seguía la rutina que ella se había esforzado en establecer, no podía jugar a juegos de palabras con Sheila o no la atendía con el mismo cuidado, la salud de Sheila se deterioraría aún más. Se sentiría más aislada, menos estimulada, menos conectada con Kendra y más agitada, lo que provocaría más frustración para todos.

Compartí con Kendra un desarrollo tecnológico que ha hecho que la conexión a distancia sea un poco más fácil: el robot de telepresencia. Este robot permite a los familiares o amigos ver a la persona con demencia a través de una pantalla bidireccional móvil. En ausencia de presencia física, el robot permite que el paciente y sus seres queridos se vean en tiempo real sin necesidad de que nadie maneje el robot, ya que es autónomo y se desplaza sobre ruedas. Dispone de sensores de autoconducción y micrófonos que permiten la comunicación verbal. Al ser móvil, puede desplazarse por todo el centro, lo que significa que la familia puede comunicarse con el paciente sobre cualquier cosa que ocurra a su alrededor. Además, este robot puede utilizarse sin la ayuda de un trabajador del centro asistencial. Puede proporcionar una sensación de presencia tanto para el paciente como para el cuidador.[2] Aunque nada supera la presencia física de un ser querido, las opciones tecnológicas están facilitando las cosas. Kendra guardó esta información en su banco de memoria por si pudiera necesitarla más adelante.

Kendra no estaba preparada para ingresar a Sheila en un centro de cuidados de larga duración, por lo que se volvió más vigilante en sus esfuerzos por seguir cuidándola en casa. Se dio cuenta de que el lenguaje y el comportamiento de Sheila eran mucho mejores a primera hora de la mañana que por la tarde, así que cambiaron su habitual cita semanal para comer por una salida para desayunar. Cuando Sheila estaba cansada, triste o dolorida, le resultaba más difícil hablar. No

---

2. Wendy Moyle, "Grand Challenge of Maintaining Meaningful Communication in Dementia Care," *Frontiers in Dementia* 2 (March 3, 2023),https://doi.org/10.3389/frdem.2023.1137897.

podía hacer saber fácilmente a Kendra lo que le pasaba cuando hablar era difícil, lo que enfadaba a Sheila. Cuando se enfadaba, era mala con Kendra. Kendra se volvía fría y se mordía la lengua en un esfuerzo por no ofender, pero la expresión de su rostro dejaba claro a Sheila que Kendra no estaba contenta. Sheila intentaba tomar la medicina por su cuenta cada vez que sentía dolor sin tener en cuenta el tiempo adecuado entre las dosis o cómo podía interactuar el fármaco con sus otras recetas. En una ocasión, Kendra sorprendió a Sheila intentando tomar un medicamento que no necesitaba. Cuando Kendra se lo tomó, Sheila gritó y le tiró cosas, acusando a Kendra de tratarla como a una niña. Kendra no le gritó, pero entornó los ojos y rompió a llorar, lo que enfadó aún más a Sheila.

Mientras Kendra intentaba manejar el dolor y las emociones de Sheila, su propia salud mental tomaba un golpe. No tenían mucha familia cerca, y la que tenían estaba ocupada con sus propias vidas y no podía comprometerse con el tipo de ayuda que Kendra necesitaba desesperadamente. Al final, Kendra no estaba segura de cuánto más podría soportar. Cuando acudió a mí por este tema, nos sentamos y revisamos sus pautas a la hora de comunicarse con su hermana. Vimos varios cambios que Kendra podía aplicar y que resultaron útiles.

A medida que la demencia empeora, el paciente notará que no puede comunicarse como antes.[3] Esto puede causarles estrés a ellos y a sus cuidadores, y significa tener que comunicarse más utilizando el lenguaje corporal, el contacto físico, las expresiones faciales, el dibujo, el canto o la tecnología.[4] Si está lejos de su ser querido, la comunicación cara a cara a través de videollamadas puede ayudarle a aliviar estas dificultades. [5]

Cuando realice ajustes en sus propios modos de comunicación, tenga en cuenta los siguientes consejos:

---

3. "Dementia and Language."

4. "Non-verbal Communication and Dementia," Alzheimer's Society, January 19, 2022, https://www.alzheimers.org.uk/about-dementia/symptoms-and-diagnosis/symptoms/non-verbal- communication-and-dementia.

5. "Communicating and Dementia," Alzheimer's Society, n.d., https://www.alzheimers.org.uk/about-dementia/symptoms-and-diagnosis/symptoms/communicating-and-dementia.

- Intente evitar el lenguaje corporal negativo, como los suspiros o las cejas fruncidas.

- Ser consciente del tono y la entonación de la voz también son estrategias de afrontamiento importantes para el cuidador. Un tono de voz tranquilo, frases centradas, un tiempo de respuesta adecuado a las preguntas o comentarios y etiquetas orientativas que conecten los nombres con las relaciones («*Tu amiga, Mindy, vino hoy a casa*» o «*Tu perro, Rex, está listo para salir a pasear*») son esenciales.

- Evite competir con otros ruidos, como la televisión o la radio.

- Quédese quieto mientras habla para dar al paciente la oportunidad de centrarse en lo que dice en lugar de competir con sus movimientos.

- No discuta con ellos, no les dé órdenes, no les diga lo que no pueden o no deben hacer, no les hable de forma condescendiente, no les haga un aluvión de preguntas ni hable de ellos como si no existieran.

La Asociación de Alzheimer recomienda a los cuidadores que se acerquen siempre al paciente de frente, le miren cuando le hablen y utilicen el mismo tacto físico o le llamen por su nombre antes de hablarle. No intente adivinar lo que quieren decir cuando intenten hablar y, si es posible, anímeles a escribir lo que intentan decirle si les cuesta encontrar las palabras. Imágenes de objetos que utilicen a menudo también pueden ser útiles, ya que pueden señalar la imagen en lugar de enfrentarse a la frustración de intentar averiguar qué decir. No es necesario corregir al paciente si se equivoca. Recuerde que el objetivo es un entorno tranquilo y poco ansioso.[6]

Otras estrategias incluyen la terapia de validación, que reconoce los sentimientos que hay detrás de las palabras y el comportamiento del paciente, aunque la información sea errónea. Sheila había empezado a contar las mismas historias, y cada vez que contaba una, cambiaba un detalle. Al principio, Kendra intentaba

---

6. Silva Banovic, Lejla Junuzovic Zunic, and Osman Sinanovic, "Communication Difficulties as a Result of Dementia," *Materia socio-medica*, October 2018, https://www.ncbi.nlm.nih.gov/pmc/articles/PMC6195406/.

corregirla ("*No, Sheila. Te tomaste una foto con el senador de Vermont de vacaciones en el Gran Cañón, no en el Monte Rushmore*"). Al cabo de un tiempo, Kendra se dio cuenta de que tener razón no cambiaba nada, y presionar a su hermana en los detalles solo provocaba fricciones. Otra estrategia es la musicoterapia, que consiste en tocar canciones que le gusten al paciente para desbloquear recuerdos positivos. El músico favorito de Sheila era el violonchelista Yo-Yo Ma, así que Kendra ponía su música todos los días durante su rutina matutina.

Rememorar es otra forma de traer recuerdos a la mente y es útil incluso si el paciente ya no puede comunicarse. Esta estrategia es más eficaz cuando los recuerdos son positivos, así que sea sensible a las reacciones del paciente ante lo que le dice. Por último, un proyecto de legado, como un diario cronológico y visual de la vida del paciente, puede ser una forma informativa de ayudar a todos los que cuidan del paciente a aprender más sobre su vida y de despertar recuerdos positivos para el paciente.[7] Con esto en mente, Kendra reunió fotos de su casa y de la de Sheila, compró un gran álbum de recortes y organizó las imágenes en el libro de la más antigua a la más reciente. Etiquetó cada sección por años y añadió breves notas a las imágenes a medida que recordaba los detalles. Cuando Sheila se sentía bien, Kendra se sentaba a su lado con el álbum de recortes y lo hojeaba al ritmo de Sheila mientras revivían los recuerdos de las páginas.

Al igual que con todos los demás aspectos del cuidado de su ser querido, la comunicación debe realizarse con un enfoque adaptado a lo que mejor funcione para el paciente. Aquí tiene otros consejos valiosos que debe recordar:

- Preste atención al mejor momento del día para que el paciente se comunique e intente hacer las preguntas importantes solo entonces.

- Antes de intentar hablar, asegúrese de que todas sus necesidades están cubiertas. Por ejemplo, asegúrese de que no tienen hambre, sed o dolor.

- Si se invirtieran los papeles, ¿cómo le gustaría que los demás se acercaran

---

7. Department of Health & Human Services, "Dementia - Communication," Better Health Channel, n.d., https://www.betterhealth.vic.gov.au/health/conditionsandtreatments/dementia-communication.

a usted? Téngalo en cuenta cuando se comunique con su ser querido.

- Evite la comunicación si tiene impulsos. Si no tiene tiempo para conceder a su ser querido todo el tiempo que necesita para expresar sus pensamientos y comprender sus respuestas, deje la conversación para más adelante.

- Tome notas sobre las tácticas que anteriormente le ayudaron a facilitar una buena comunicación para poder apoyarse en ellas más adelante.

- Permita que el paciente exprese sus sentimientos si está molesto. No sea despectivo ni intente encontrar lo correcto para decir. Estar ahí y demostrar que le importa escuchándole es suficiente.

- Hable de forma clara y concisa, pero evite dirigirse al paciente como si fuera un niño.

- Hable de forma conversacional en lugar de formal, y no tema incluir al paciente en las conversaciones con los demás.

- Si no entienden lo que dice, exprésese de otra manera. Cambie su redacción, acorte las frases, utilice imágenes o emplee más lenguaje corporal y gestos.

- Que sea ligero. Si ellos o usted cometen un error en el proceso de navegar por esta nueva comunicación, no hay nada malo en ello. La risa sigue siendo una medicina poderosa.[8]

Si la comunicación verbal ya no es una opción, la comunicación no verbal, que es cualquier comunicación sin palabras, es una alternativa eficaz. Los gestos, las expresiones faciales y el lenguaje corporal pueden convertirse en las principales formas de comunicarse con su ser querido a medida que avanza su demencia. Esto puede ser especialmente necesario si el paciente ha vuelto a una lengua materna

---

8. "How to Communicate With a Person With Dementia," Alzheimer's Society, December 20, 2021, https:// communicate-dementia#content-start.

que usted no habla o no entiende. La terapia artística, la música, la poesía y el teatro pueden ser modos eficaces de comunicación. Durante las últimas fases de la enfermedad, si el paciente no puede hablar, los cuidadores aún pueden hablarle y comunicarse con toques suaves como cogerle de la mano. Si confía en la comunicación no verbal, recuerde:

- El contacto físico puede ser cómodo, como un brazo alrededor del hombro o cogerse de la mano.

- Sentarse demasiado cerca o de pie sobre el paciente puede resultar intimidatorio, así que intente darle el espacio adecuado y sentarse a la altura de los ojos.

- Evite los movimientos bruscos, las expresiones faciales duras o un tono de voz áspero, todo lo cual puede resultar molesto para el paciente.

- Asegúrese de que sus palabras y su lenguaje corporal concuerdan. Si está hablando de recuerdos positivos, sonreír ayuda a reforzar lo que está diciendo.

- Intente comprender lo que dice el paciente con su propio lenguaje corporal.

- Utilice indicaciones visuales, como imágenes o tarjetas con pistas, para comunicar objetos o ideas que el paciente ya no pueda nombrar.[9]

La comunicación no verbal es poderosa por varias razones. En primer lugar, fomenta la autoexpresión y favorece el sentimiento de confianza. Además, el contacto visual y el tacto ayudan a crear lazos y aumentan la confianza. En segundo lugar, previene la confusión y la agitación al dar al paciente una comprensión más firme de sus palabras. En tercer lugar, ayuda a transmitir emociones para que el paciente pueda situar con precisión su intención, evitando confusiones y discu-

---

9. "Non-Verbal Communication and Dementia."

siones innecesarias. Por último, alivia las dolencias. El contacto físico estimula la oxitocina, que disminuye el estrés, reduce el dolor y aumenta el flujo sanguíneo.[10]

Una vez que Kendra comprendió lo poderoso que podía ser el tacto en el plan de cuidados de su hermana, se propuso tocar a Sheila durante el tiempo que pasaban juntas. Tomaba aire y rodeaba con el brazo el hombro de su hermana cuando percibía la frustración de Sheila. Colocaba su mano sobre el brazo de Sheila cuando se cansaba y le daba masajes en las manos por las noches antes de acostarse.

La oxitocina, la hormona del «cuidado y la conexión», puede desempeñar un papel importante en la mejora de la salud mental de los pacientes con demencia. De hecho, las investigaciones han descubierto que cinco minutos de masaje en las manos pueden disminuir las hormonas del estrés y la ansiedad. Un estudio realizado con 68 residentes de residencias de ancianos descubrió que los pacientes que recibieron 10 minutos de masaje mostraron una ansiedad significativamente menor que los que no lo hicieron. El tacto físico también puede llevarse a cabo mediante el peinado del cabello o cepillado, manicura, abrazos, chocar los cinco, masajes terapéuticos, apretones de manos o suaves palmadas en el brazo. [11]

Curiosamente, el tacto físico puede traer recuerdos positivos y la mejora del estado de ánimo reduce la agitación y el malestar durante una hora. Los pacientes con demencia, especialmente los que se encuentran en centros asistenciales, pueden sentirse a menudo desconectados de su entorno. El contacto físico ayuda a enraizarlos. Además, las personas mayores con problemas de pérdida de memoria sufren a menudo privación del tacto, lo que aumenta los sentimientos de depresión, ansiedad, inseguridad, aislamiento y disminución de la conciencia sensorial. El tacto proporciona una conexión física y emocional que afecta directamente a la salud mental y al bienestar general. Incluso después de que los recuerdos

10. "Why Nonverbal Communication Is Vital When Caring for Seniors With Dementia," Home Care Assistance Winnipeg, January 21, 2022, https://www.homecareassistancewinnipeg.ca/importance -of- non-verbal-communication-in-dementia-care/.

11. Why touch is important in alzheimer's care | blog | right at ..., accessed March 13, 2024, https://ww w.rightathome.net/boston-north/blog/touch-important-in-alzheimers-care.

se desvanezcan, los pacientes pueden seguir reconociendo el tacto suave, que estimula las emociones positivas.

Dado que la terapia de contacto reduce la agitación, la disociación y la inquietud, también puede disminuir los comportamientos derivados de estos sentimientos, como la deambulación, la combatividad, la resistencia a recibir ayuda y los arrebatos verbales. Añadir el tacto a la rutina diaria del paciente puede fomentar una sensación de seguridad y agrado, permitiendo que su ser querido se sienta seguro y ayudándole a usted a sentirse más en control de una situación volátil. [12]

Para recapitular, he aquí algunas formas de utilizar eficazmente la comunicación no verbal con un paciente con demencia:

- Míreles a los ojos cuando les hable.

- Utilice el tacto suave como medio de conexión y para evocar sentimientos de seguridad.

- Utilice imágenes y fotos de objetos que puedan señalar cuando no encuentren las palabras que deben utilizar en la conversación cotidiana.

- Déles masajes en las manos para transmitirles conexión y reducir la ansiedad.

- Utilice el lenguaje corporal para reforzar el mensaje que intenta transmitir.

- Utilice expresiones faciales agradables para ayudarles a entender su tono.

- No se siente ni se coloque demasiado cerca del paciente, ya que puede sentirse intimidado.

- Utilice la musicoterapia para suscitar recuerdos positivos.

---

12. Carly Dodd Pacifica Senior Living, "Touch & Memory Care: The Power Of Touch Therapy for Dementia Residents," *Pacifica Senior Living* (blog), November 2, 2023, https://blog.pacificasenior living.com/blog/touch-memory-care-the-power-of-touch-therapy-for- dementia-residents.

Actuar

La barrera comunicativa causada por la demencia puede ser descorazonadora, pero es un indicador muy real de la gravedad de esta enfermedad. Tome unos momentos para anotar cómo ha visto disminuir la capacidad de comunicación de su ser querido. Después, anote cualquier pregunta que tenga para su médico sobre los síntomas de su ser querido o sobre la mejor forma de poner en práctica las soluciones que ha visto en este capítulo. Cuando otros cuidadores entran en escena, es importante poder proporcionarles toda la información posible sobre el paciente.

Tenga en cuenta que varios factores diferentes pueden influir en la capacidad de comunicación del paciente, como la fase de demencia, la hora del día, los medicamentos o incluso cómo se siente el paciente en ese momento. Su capacidad para darse cuenta de lo que desencadena estos cambios le ayudará significativamente a determinar cómo afrontarlos. Se ha demostrado que las estrategias de este capítulo ayudan a que estos retos sean más manejables. A medida que trabaje para poner en práctica estas estrategias, asegúrese de compartir esta información con todas las personas implicadas en el cuidado de su ser querido para que puedan hacer lo mismo.

Como probablemente ya sepa, la comunicación no es el único reto que conlleva la demencia. Los cambios de comportamiento pueden ser increíblemente agotadores para el cuidador. Afortunadamente, también existen tácticas para ayudar a hacer frente a esto. El capítulo siguiente le guiará a través de lo que estos comportamientos pueden implicar, le dará consejos para tratar una variedad de comportamientos complejos y le mostrará las mejores maneras de superar los días difíciles.

Afrontar Los Días Difíciles

Cada vez que Kendra pensaba que estaba recuperando el aliento, algo nuevo se lo impedía.

Los arrebatos de ira de Sheila se habían convertido en algo habitual y Kendra lo estaba sobrellevando, pero entonces llegaron la paranoia, la negativa a comer, las sombras y -lo más aterrador de todo- el deambular. En las citas con Sheila, Kendra lloraba de frustración mientras le explicaba los retos que se le venían encima. Sheila se echaba a llorar cuando veía llorar a Kendra. Empaticé con sus sentimientos, ya que era una escena que había presenciado innumerables veces a lo largo de los años.

Su ser querido va a cambiar. Su personalidad y sus comportamientos cambiarán, y a usted le convendrá afrontar estos retos con paciencia, compasión, flexibilidad y creatividad. Recuerde que estos cambios se deben a alteraciones fundamentales en su cerebro, así que es mejor no tomarse como algo personal lo que dicen y hacen. Siga estas directrices para ayudarle a navegar por estas transiciones.

1. **Sepa que no puede cambiar a la persona.** No se puede hacer nada contra los efectos que la demencia está teniendo en el cerebro del paciente. El trastorno está dando forma a su nuevo yo; no es por elección. Es

probable que encuentre resistencia si intenta cambiar comportamientos. Las cosas serán más fáciles para todos si intenta acomodar el comportamiento en lugar de controlarlo. Por ejemplo, si el paciente insiste en dormir en el sofá en lugar de en la cama como ha hecho toda su vida, proporciónele una almohada y una manta para ayudarle a estar cómodo en el sofá, en lugar de obligarle a meterse en la cama. Tendrá mucho más éxito si se centra en sus propias respuestas y en el entorno físico en lugar de en el comportamiento del paciente.

2. **Revise pronto con el médico.** Cuando hay un problema de comportamiento, puede haber una causa médica subyacente, como un dolor intenso, una infección del tracto urinario o efectos secundarios de los medicamentos. En algunos casos, como la incontinencia o las alucinaciones, los medicamentos pueden ayudar.

3. **El comportamiento tiene un propósito.** Los pacientes con demencia a menudo no pueden expresar verbalmente sus necesidades, por lo que pueden hacer cosas que no podemos entender. Por ejemplo, si empiezan a tomar todos los platos de los armarios cada día, puede que estén intentando satisfacer una necesidad de ser productivos. Cuando observe comportamientos extraños, piense un paso más allá del comportamiento, considere qué pueden estar intentando conseguir realmente e intente satisfacer esa necesidad.

4. **El comportamiento tiene desencadenantes.** Hay una razón detrás de todos los comportamientos. Puede ser una palabra, una acción o incluso un cambio de entorno. Fíjese en estos desencadenantes para poder tomar enfoques diferentes o aplicar consecuencias distintas a los comportamientos problemáticos.

5. **Lo que funciona hoy puede no funcionar mañana.** La demencia es progresiva, lo que significa que la enfermedad cambia constantemente. Como está en constante cambio, también lo están los comportamientos que la acompañan. Lo que funcionó ayer puede no funcionar hoy. Tendrá que recurrir a su creatividad y flexibilidad para seguir estrategias que

le ayuden a frenar las acciones problemáticas.

6. **Consiga el apoyo de los demás.** Recuerde siempre que no está solo. Hay millones de personas que se enfrentan cada día a la demencia. Está tan extendida que se han creado grupos de apoyo y comunidades en línea para que no tenga que hacerlo sola. Busque un grupo, organizaciones, servicios o personas que puedan ofrecerle asesoramiento. Un gran recurso es el **Navegador de cuidados familiares**, una herramienta que ayuda a los cuidadores familiares a localizar programas y servicios públicos, privados y sin ánimo de lucro cerca de sus seres queridos.

Escanee el código QR para acceder al navegador de atención familiar.

Ahora, examinemos los comportamientos con los que podría encontrarse y las formas de ayudar a afrontarlos.

Nuevos comportamientos a tratar

Deambulación

Es habitual que los pacientes con demencia caminen sin rumbo. Puede que ya no reconozcan lugares familiares o que se sientan confusos sobre su ubicación. La deambulación puede producirse en cualquier fase de la enfermedad. Seis de cada diez personas deambulan al menos una vez, y muchos pacientes lo desarrollan como un hábito.[1] Debe tomarse en serio, ya que el paciente puede acabar fácilmente en una posición peligrosa. Si un paciente empieza a mostrar los siguientes comportamientos, puede correr el riesgo de deambular:

- Regresar de una actividad habitual más tarde de lo habitual

- Olvidar las direcciones de lugares familiares

- Hablar de hacer cosas que ya no hacen, como ir a trabajar

- Intentar volver a casa aunque ya estén en casa

- Paseos, movimientos repetitivos u otros comportamientos inquietos

- Tener problemas para localizar lugares familiares, como el baño

- Preguntar por el paradero de personas que ya no están

- Ponerse nervioso en zonas concurridas. [2]

Los pacientes con demencia deambulan por diferentes motivos. Puede que intenten satisfacer una necesidad física, como el hambre o el ejercicio. Pueden estar aburridos o buscando algo o a alguien. He aquí cómo puede ayudar:

- Dedique tiempo al ejercicio regular para minimizar la inquietud del paciente.

- Evalúe las cerraduras de la vivienda y sustitúyalas si es necesario. Instale cerraduras que requieran una llave y considere la posibilidad de colocar las cerraduras por encima o por debajo del nivel de los ojos, ya que a muchos pacientes no se les ocurrirá mirar más allá del nivel de los ojos.

- Coloque cubiertas de plástico a prueba de niños en los pomos de las

---

1. "Wandering," Alzheimer's Disease and Dementia, accessed March 13, 2024, https://www.alz.org/help-support/caregiving/stages-behaviors/wandering.

2. "Wandering."

puertas para evitar que salgan fácilmente.

- Considere la posibilidad de instalar un sistema de seguridad en casa o de regalar al paciente un reloj u otro dispositivo con un sistema de seguimiento por GPS.

- Haga que lleven una pulsera identificativa y cósales etiquetas identificativas en la ropa para que sean fácilmente identificables en caso de que se pierdan.

- Informe a los vecinos de los comportamientos errantes de su ser querido para que estén atentos.[3]

Es importante ser proactivo cuando aparece este comportamiento. Haga una lista de los lugares por los que puede deambular el paciente, tenga a mano una foto reciente para mostrársela a los primeros intervinientes e inscriba a su ser querido en el **servicio de respuesta a la deambulación** de la Asociación de Alzheimer, un servicio de ámbito nacional que ayuda a facilitar el regreso seguro de las personas que viven con demencia o sufren una emergencia médica. Si su ser querido desaparece, empiece a buscarlo inmediatamente. Tenga en cuenta que muchas personas errantes son encontradas a menos de 1,5 millas del lugar donde desaparecieron. Busque en los lugares por los que han deambulado en el pasado; revise los paisajes, ya que muchos se encuentran entre la maleza; y si no los ha encontrado en 15 minutos, avise a las autoridades.[4]

*Escanee el código QR para
acceder a los recursos de
deambulación de la Aso-
ciación de Alzheimer.*

También puedes hacer clic aquí: https://www.alz.org/getmedia/e618fd7f-507d
-488e-8212-4dd25a4516a0/wandering-alzheimers-dementia-spanish-ts.pdf

Kendra no sabía que cuando un día Sheila empezaba a hablar de lo que había hecho en el trabajo o le preguntaba por su bisabuela, corría el riesgo de perderse. Una mañana, Kendra se despertó y fue a revisar a Sheila, pero ésta no estaba. Afortunadamente, se había acostumbrado a tomar fotos de Sheila en sus días buenos, así que cuando llamó a la policía tras darse cuenta de que Sheila no estaba en el local, tenía una foto del día anterior para enseñársela. Tras el incidente, Kendra compró un reloj con rastreador GPS para Sheila. Se compró también un reloj similar para que Sheila no protestara. Colocó una pequeña alarma en cada puerta para poder oír a su hermana entrar y salir, y avisó a los vecinos de que este comportamiento había comenzado. Esas medidas fueron de gran ayuda, ya que ésa fue la última vez que Sheila pudo alejarse, pero no fue la última vez que lo intentó.

Incontinencia

La incontinencia es la pérdida del control de la vejiga o los intestinos y suele aparecer a medida que avanza la demencia. Esto puede ocurrir porque el paciente ha olvidado dónde está el baño o no puede llegar a él a tiempo.[5] El paciente puede

---

5. "Caregiver's Guide to Understanding Dementia Behaviors - Family Caregiver Alliance."

tener problemas para comunicarse, por lo que es incapaz de decirle a alguien que necesita ir al baño. Puede que no sean capaces de reaccionar ante la sensación de necesitar ir al baño. Pueden rechazar la ayuda que necesitan para ir al baño. Y si tienen un accidente, puede que intenten esconder la ropa manchada.[6] En cualquier caso, la incontinencia es embarazosa, por lo que es importante que el cuidador muestre un sentido de la comprensión para ayudar al paciente a mantener su dignidad.

Algunas tácticas útiles para hacer frente a la incontinencia son las siguientes:

- Establezca una rutina para ir al baño y mantenga el horario.

- Programe la ingesta de líquidos para equilibrar la hidratación y el tiempo de ir al baño. Limite los líquidos antes de acostarse.

- Utilice señales para indicar al paciente la dirección del cuarto de baño.

- Deje una bacinilla junto a la cama.

- Utilice absorbentes para la incontinencia si es necesario.

- Asegúrese de que el paciente lleva ropa fácil de quitar, como la que tiene cintura elástica en lugar de botones y cremalleras.[7]

Agitación

Su ser querido puede mostrarse irritable, insomne o agresivo verbal o físicamente. Todos estos comportamientos caen bajo el paraguas de la agitación, y progresan a medida que lo hace la demencia. La agitación puede estar desencadenada por el entorno, los cambios de rutina, el miedo o la fatiga, pero lo más frecuente es

---

6. https://www.alzheimers.org.uk/get-support/daily-living/toilet-problems-continence

7. "Caregiver's Guide to Understanding Dementia Behaviors - Family Caregiver Alliance."

que se produzca cuando el paciente siente que le falta el control.[8] Cuando su ser querido se agita:

- Pídales permiso antes de hacer cualquier otra cosa.

- Escuche su frustración para poder entender sus desencadenantes.

- Tranquilice con frases como: «Aquí estás a salvo».

- Haga algo con ellos que reduzca su ansiedad, como jugar a algo o tomar un paseo.

- Mantenga la compostura.[9]

- Reduzca el ruido, el desorden o la presencia de personas en la habitación.

- Reduzca los alimentos o bebidas que provocan un pico de energía, como la cafeína.

- Pruebe con caricias suaves, música o un paseo.[10]

Habla o acciones repetitivas (perseveración)

La perseverancia es el acto de repetir una palabra, afirmación, pregunta o actividad una y otra vez. Aunque es inofensivo para el paciente, puede ser una fuente de frustración para el cuidador. Este comportamiento se desencadena por ansiedad, aburrimiento, miedo o factores ambientales. He aquí algunas cosas que puede hacer en respuesta cuando el paciente persevera:

- Ofrezca palabras y caricias cómodas.

8. "Caregiver's Guide to Understanding Dementia Behaviors - Family Caregiver Alliance."

9. "How to Help When Dementia Leads to Agitation," n.d., https://www.psychiatry.org/news-room/apa-blogs/how-to-help-when-dementia-leads-to-agitation.

10. "Caregiver's Guide to Understanding Dementia Behaviors - Family Caregiver Alliance."

- Ofrézcale una distracción, como un bocadillo.

- Redirija su atención hacia otra actividad.

- No inicie una conversación que pueda confundirles aún más.

- Preste atención a los comportamientos que acompañan a la repetición, como halar de la ropa, que pueden indicar otra necesidad como orinar o defecar. [11]

Paranoia

Su ser querido puede empezar a experimentar delirios. Pueden convencerse de que alguien intenta hacerles daño o tomar algo de ellos. Estos sentimientos de sentirse amenazado pueden surgir de la nada y hacer que el paciente desconfíe de todos los que le rodean. El paciente puede sentir que le vigilan o que alguien va a por él y puede sacar conclusiones precipitadas sin nada que respalde sus sentimientos. Éste es uno de los comportamientos más difíciles para los cuidadores, ya que el paciente puede tratarle como a un enemigo cuando usted no ha hecho nada para perjudicarle. Lamentablemente, es posible que no pueda convencerles de lo contrario. Los delirios más comunes incluyen el robo (perder algo y pensar que alguien lo ha robado), la creencia de que alguien cercano está intentando hacerles daño (pensar que alguien que les lleva comida está intentando envenenarles), o no creer que su casa es su casa. Cuando observe estos comportamientos:

- Reconozca su angustia y escúcheles. Anímeles a hablar de lo que sienten.

- Trate de ofrecerles con delicadeza una explicación diferente de lo que ellos creen que es cierto, pero tranquilíceles diciéndoles que se toman en serio sus pensamientos.

- Controle el entorno. Si creen que alguien intenta envenenarles, que obtengan su comida de otro lugar o de otra persona.

---

11. "Caregiver's Guide to Understanding Dementia Behaviors - Family Caregiver Alliance."

- Intente no tomarse sus acusaciones como algo personal.

- No valide sus delirios, pero tampoco intente corregirlos o discutir con ellos. Encuentre o invente una explicación inofensiva que resulte creíble para el paciente y le tranquilice.

- Busque el motivo de la acusación. Si acusan a alguien de robo, intente encontrar el objeto que falta y cree un lugar coherente para él.

- No asuma siempre que las acusaciones del paciente son falsas.[12]

En una ocasión, Tyler apareció durante un fin de semana de tres días para visitar a Sheila y Kendra. Trajo comida y le ofreció un poco a Sheila, pero ella se negó a comerla y acusó a Tyler de intentar envenenarla. Sin saber qué más hacer, Kendra se comió parte de la comida delante de Sheila para demostrar que no era venenosa. Más tarde haló a Tyler a un lado para explicarle todas las cosas nuevas que Sheila había empezado a hacer desde la última vez que él la había visitado. Tyler decidió entonces no llevar nada para darle directamente a su tía. En su lugar, le daba cualquier golosina a Kendra y dejaba que fuera ella quien se las diera a Sheila.

Insomnio/Somnolencia

El atardecer hace referencia a un aumento de la inquietud, la agitación o la confusión que empeora en los pacientes con demencia a medida que se va haciendo de día. Puede continuar durante la noche, lo que les dificulta dormir o permanecer en la cama. Puede deberse al agotamiento del día y a cambios en el reloj biológico del paciente que confunden el día y la noche. Otras causas pueden ser necesidades insatisfechas como el hambre o la sed, depresión, enfermedad médica, cambio de entorno, dolor o aburrimiento. También suele ocurrir cuando el paciente ingresa en el hospital. Como con todos los comportamientos, intente encontrar la causa raíz y escuche las frustraciones del paciente. Sea para ellos una fuente de seguridad de que todo irá bien. Las mismas tácticas que funcionan para otros

---

12. "Delusions, Paranoia and Dementia," Alzheimer's Society, February 26, 2021, https://www.alzhei mers.org.uk/about-dementia/symptoms-and-diagnosis/delusions.

comportamientos también funcionan aquí, así que reduzca el ruido y el desorden en su entorno y distráigales con una actividad o un tentempié. Además, puede:

- Hacer de las primeras horas de la tarde un momento tranquilo para ellos.

- Ajustar la iluminación de su hogar dejando entrar la luz natural durante el día y utilizando una luz más suave por la noche. Es importante hacerles saber constantemente la hora del día.

- Si se encuentran temporalmente en un entorno desconocido (como un hospital) o acaban de trasladarse, siga recordándoles la fecha, la hora y el lugar.

- Evite el alcohol o la cafeína, que pueden aumentar la confusión o provocar un subidón de energía.

- Evite sobrecargar su horario.

Para evitar la puesta de sol:

- Haga que su ser querido salga al exterior o se siente junto a una ventana durante el día. Esto puede ayudar a ajustar el reloj de su cuerpo.

- Asegúrese de que el paciente hace ejercicio todos los días.

- Si toman siestas, asegúrese de que no sean demasiado largas ni demasiado tardías.

- Procure que usted y su ser querido duerman lo suficiente por la noche.[13]

Alimentación/Nutrición

Los pacientes con demencia pueden tener dificultades para comer debido a la pérdida de apetito o de memoria. Pueden olvidar cómo masticar y tragar, o su entorno puede convertirse en una distracción para la tarea de comer. El dolor y el malestar, una actividad física insuficiente y la vergüenza debida a las nuevas luchas también podrían contribuir a su negativa a comer. La sequedad bucal, las enfermedades de las encías o una dentadura postiza mal ajustada pueden ser los culpables. Además, el paciente podría confundir las funciones de las herramientas del cuadro. Por ejemplo, pueden verter jugo en un bol o intentar comer cereales calientes con un cuchillo. Lo contrario también puede ser cierto; la demencia puede provocar un aumento del apetito o un antojo de alimentos dulces. Además, tenga cuidado con la disfunción de la deglución, una afección común que puede aparecer con el envejecimiento, la demencia u otras enfermedades médicas. Si su ser querido tose o se atraganta a menudo mientras come o bebe, hágalo revisar por un especialista en el habla y la deglución. La disfunción de la deglución puede hacer que los alimentos penetren en las vías respiratorias, lo que puede provocar una infección pulmonar y niveles de oxígeno peligrosamente bajos.

La programación y la proactividad harán que la hora de la comida sea menos dura para el paciente y el cuidador. Algunos consejos útiles son:

- Revisar con el médico para asegurarse de que su pérdida o aumento de apetito no se debe a una causa tratable, como la depresión.

- Ofrecer comidas a horas regulares cada día y asegurarse de que las comidas son balanceadas

- Hacer que la hora de la comida sea tranquila y relajante y preparar alimentos que sean familiares y agradables para el paciente

- Ofrecer al paciente de cinco a seis comidas pequeñas al día, incluyendo tentempiés saludables

- Estar al día de las citas con el dentista para asegurarse de que no hay problemas que contribuyan al dolor de boca

- Servir un plato cada vez y retirar de la mesa cualquier elemento que distraiga, como adornos o utensilios adicionales.

- Ofrecer alimentos para picar y líquidos para facilitar el proceso de comer.[14]

La mayor parte de la proactividad toma un pensamiento práctico. Cuando Sheila empezó a tener dificultades para alimentarse, Kendra se angustió. No creía que pudiera seguir cuidando de su hermana si no podía comer. Le dije que antes de hacer nada más, debía pedir cita para ver a un dentista. Vieron al médico al día siguiente y descubrieron que Sheila se negaba a comer porque se había astillado un diente, lo que hacía que comer le resultara doloroso. Kendra suspiró aliviada. Aunque manejar un diente astillado conllevaba sus propios retos, era un problema bastante fácil de solucionar rápidamente.

Si desea más información, escanee el código QR para descargar un ejemplar gratuito de mi libro **Nutriendo la Mente: Guía Práctica para Cuidadores sobre la Alimentación del Paciente con Demencia.**

Baño

Debido al deterioro de las capacidades del paciente, bañarse puede ser un reto físico. Dado que el baño es un acto vulnerable, puede suponer un reto emocional. Además, los déficits visuales y los problemas de percepción de la profundidad pueden hacer que el baño resulte peligroso e incómodo. Puede que el paciente no quiera ayuda con una actividad tan privada. Pueden expresarlo verbalmente o resistiéndose, lo que dificulta el proceso tanto para ellos como para el cuidador. Lo que funciona para una hora de baño exitosa es un proceso de ensayo y error. He aquí algunos consejos útiles:

- Prepare el cuarto de baño con antelación reuniendo los suministros necesarios, proporcionando un entorno cómodo con acolchados o toallas sobre las superficies frías, controlando la temperatura del agua para mayor seguridad y comodidad, y poniendo objetos como toallas y jabón al alcance del paciente.

- Ayude al paciente a sentir que tiene el control dándole opciones sobre la hora del baño, haciéndole desempeñar un papel en el proceso (puede sostener la toallita o el champú), no forzando el baño si se resiste, permitiéndole meterse en una bañera poco profunda de agua antes de llenarla hasta arriba o dejándole entrar en la bañera o en la ducha con una toalla para reducir la vergüenza. Tenga siempre presente su dignidad.

- Adapte el proceso de baño manteniendo la hora del baño a la misma hora todos los días, utilizando frases sencillas para guiarles durante el proceso (*«Siéntate aquí. Lávate el cuello. Aquí está el jabón»*) y demostrando la acción al paciente para que no se confunda. Si es posible, utilice productos especializados, como toallas con bolsillos para el jabón.

- Considere alternativas al baño, como lavar una parte del cuerpo cada día, lavar el pelo en un momento distinto al del baño, dar baños de esponja entre los días de baño completo o utilizar toallitas húmedas. Puede que tenga que cambiar sus normas con respecto a lo que está acostumbrado, pero lo más importante es asegurarse de que el paciente esté limpio manteniendo la fricción al mínimo.

- Tenga en cuenta los cuidados después del baño. Revise si hay sarpullidos y llagas, asegúrese de que el paciente esté sentado cuando le seque y le vista, séquelo con palmaditas en lugar de frotarlo, aplíquele loción para mantener la piel suave y utilice maicena o polvos bajo los pechos y en los pliegues de la piel.[15]

Vestirse

Para una persona sana, vestirse es una tarea que normalmente puede realizarse en piloto automático. Pero para el paciente con demencia la lucha con el equilibrio, la coordinación, el reconocimiento de los pasos del proceso, los cambios de visión, los efectos secundarios de los medicamentos o la depresión pueden hacer que vestirse sea una tarea complicada y frustrante. Ayudar al paciente:

- Utilice gestos y hable despacio para ayudarles a vestirse de forma independiente.

- Colóqueles la ropa en el orden en que deben ponérsela.

- Reduzca las distracciones en la habitación y manténgala tranquila y agradable.

- Hable de su nivel de comodidad con respecto a la intimidad para calibrar mejor cómo ayudarle.

- Etiquete los cajones de la ropa para localizar las prendas de forma accesible.

- Elija colores sólidos, ropa cómoda y holgada, y prendas que no requieran mucho planchado.

---

15. "Bathing," Alzheimer's Disease and Dementia, n.d., https://www.alz.org/help- support/caregiv-ing/daily-care/bathing.

- Elija prendas fáciles de llevar, como piezas sin botones ni cremalleras y zapatos sin cordones.

- Asegúrese de que su ropa es adecuada para la temperatura.[16]

Alucinaciones

Los pacientes con demencia pueden tener alucinaciones, sobre todo si padecen demencia con cuerpos de Lewy. Las alucinaciones visuales pueden ser simples (ver luces parpadeantes) o complejas (ver animales o situaciones). Las alucinaciones pueden ser consecuencia de daños cerebrales, enfermedades físicas como fiebre, convulsiones, derrames cerebrales, migrañas, infecciones, inflamaciones o incluso efectos secundarios de los medicamentos. Algunas personas también pueden oír, oler, sentir o saborear cosas que no están ahí.

Si su ser querido empieza a alucinar:

- Busque atención médica inmediatamente. Las alucinaciones podrían indicar una emergencia.

- Explique con calma al paciente lo que está ocurriendo.

- Quédese con ellos y pídales que describan la alucinación. Recuerde no discutir con ellos al no validar sus alucinaciones.

- Intente alejarles suavemente del lugar donde se está produciendo la alucinación. Esto puede poner fin a la alucinación.

- Asegúrese de que el paciente no tiene hambre, sed o se siente incómodo, ya que cualquiera de estos factores puede provocar alucinaciones.

---

16. "Dressing," Dementia Australia, n.d., https://www.dementia.org.au/support-and-services/families-and-friends/personal-care/dressing.

- Vea si distrayendo al paciente puede detener la alucinación. [17]

Comportamiento sexual

La demencia lo cambia todo y la sexualidad no está exenta. Las necesidades y deseos del paciente pueden cambiar. Si el cuidador es también la pareja del paciente, estos cambios tendrán un efecto doble. Sin embargo, muchas parejas siguen disfrutando de la intimidad y encuentran nuevas formas de compartirla tras el diagnóstico. Los cambios en la pareja pueden deberse a los cambios físicos y emocionales que conlleva la enfermedad. Algunos tipos de demencia, más concretamente la demencia frontotemporal, pueden afectar a las inhibiciones, haciendo que el paciente se vuelva más directo y explícito sobre sus intereses sexuales.

Recuerde:

- Las diferencias en el deseo sexual son de esperar en cualquier pareja, tanto si padece demencia como si no. Ayuda buscar soluciones prácticas y hablar con un profesional si es necesario.

- La actividad física o la masturbación pueden liberar la tensión sexual reprimida.

- El sexo no es la única forma de intimidad. La cercanía, la terapia de masajes o incluso las amistades no sexuales pueden satisfacer la necesidad de intimidad.

- Los grupos de apoyo son un lugar seguro para expresar sus pensamientos y frustraciones. [18]

---

17. "Hallucinations and Dementia," Alzheimer's Society, February 26, 2021, https://www.alzheimers .org.uk/about-dementia/symptoms-and-diagnosis/hallucinations.

18. 113 "How Does Dementia Affect Sex and Intimacy?," Alzheimer's Society, n.d., https://www.alzh eimers.org.uk/get-support/daily-living/sex-intimacy-dementia#content-start.

Arrebatos verbales

Como hemos comentado antes, la demencia puede hacer que los pacientes actúen de forma verbal y físicamente agresiva. Por supuesto, esto es angustioso para el paciente, el cuidador y cualquier otra persona que pueda ser testigo de dicha agresión. Los arrebatos verbales pueden incluir palabrotas, gritos o amenazas. Recuerde que el cerebro está experimentando cambios significativos, que son la causa de este comportamiento. Los pacientes pueden tener arrebatos debido a la pérdida de memoria, problemas de lenguaje, problemas de salud mental o física, demasiado o muy poco contacto con la gente, un entorno físico angustioso, frustración, confusión o una sensación de estar fuera de control. Estos síntomas pueden presentarse tanto si la persona ya era agresiva antes de la demencia como si no.

Si aparece este comportamiento de arrebato:

- Averigüe si el paciente sufre dolor físico o angustia mental. Aliviar estas cosas puede ayudar con los arrebatos.

- Haga todo lo posible por mantener una rutina diaria.

- Apoyar al paciente para que se mantenga lo más independiente posible durante el mayor tiempo posible.

- Ayude al paciente a mantenerse en contacto con su familia y amigos para que no se sienta aislado.

- Apoye al paciente para que participe en las actividades que le gustan.[19]

Si su ser querido está en medio de un arrebato, he aquí algunas estrategias para probar en el momento:

- Por difícil que sea, intente mantener la calma. Una respuesta airada

---

19. "Aggressive Behaviour and Dementia," Alzheimer's Society, December 13, 2021, https://www.alzh eimers.org.uk/about-dementia/symptoms-and-diagnosis/symptoms/aggressive- behaviour-and-de-mentia.

puede empeorar las cosas. Tome aire y no se sienta obligado a responder inmediatamente. Dése tiempo a sí mismo y a su ser querido.

- Dése a sí mismo y a su ser querido algo de espacio. Si procede, salga de la habitación durante un rato.

- No grite, no se acerque demasiado a la persona ni inicie un contacto físico, ya que estas acciones pueden percibirse como una amenaza.

- Evite el lenguaje corporal que parezca cerrado, como cruzarse de brazos. En su lugar, refleje su lenguaje corporal. Siéntese si están sentados. De pie si están de pie. Ponga las manos en su regazo si eso es lo que están haciendo. Esto indica que usted no está en contra de ellos y que quiere ayudarles.

- Escúcheles, mantenga el contacto visual y explíqueles por qué está allí.

- Si las cosas se vuelven físicas, váyase y busque ayuda.[20]

Seguimiento

El seguimiento es cuando un paciente con demencia sigue a su cuidador por todas partes. Pueden imitar al cuidador, caminar por todas partes y ponerse ansiosos si el cuidador se ausenta en algún momento. Este comportamiento parece estar impulsado por la ansiedad y la incertidumbre. Para el paciente, el cuidador se siente como lo único seguro, así que cuando se va, aunque sea para ir al baño, el paciente se enfada. Esto puede hacer que el cuidador se sienta asfixiado y molesto. Para encontrar alivio, pruebe algunos de estos mecanismos de afrontamiento:

- Recuérdese a sí mismo que su ser querido tiene miedo y está ansioso en lugar de sentir que sólo intenta irritarle. La percepción tiene el poder de cambiar su respuesta.

---

20. "Aggressive Behaviour and Dementia."

- Para ser un buen cuidador, necesita un descanso de vez en cuando. Haga todo lo posible por encontrar un momento de tranquilidad. Puede ser en la ducha, cuando el paciente está dormido o incluso durante un tiempo asignado en la rutina en el que usted pone la alarma y le asegura que volverá a la habitación cuando suene el temporizador.

- Intente reclutar a otra persona, como un vecino, un amigo o un familiar, para que pase tiempo con el paciente y así usted pueda tomarse un respiro.

- Intente reducir el seguimiento haciendo que su ser querido participe en actividades significativas y atractivas como la jardinería o completar un rompecabezas.

- Déle al paciente un tentempié o un chicle para distraerle.

- La música beneficia a los pacientes con demencia, así que deles auriculares para que escuchen sus canciones favoritas. También puede ofrecerles una grabación de su voz para mayor comodidad.[21]

Tras el incidente de Sheila, empezó a seguir a Kendra. Imagen que Kendra supuso que las secuelas del incidente (la visión del automóvil de la policía, toda la gente mirando y el darse cuenta de que no estaba donde se suponía que debía estar) asustaron a Sheila. Además, Sheila debió darse cuenta de que no volvería a perderse si nunca se separaba de Kendra. El reconocimiento de esta ansiedad por parte de Kendra le ayudó a hacer frente a la sombra de Sheila. Fue difícil, ya que empezó a sentir que nunca podría tener un momento para sí misma, pero tuvo más paciencia con la sombra porque entendía de dónde venía. Esta fue también la arista que Kendra necesitaba para llamar a Meredith, la amiga de Sheila, y pedirle que viniera unas cuantas veces a la semana para hacerle compañía. Estos se convirtieron en momentos incorporados para que Kendra se tomara un descanso y un respiro.

---

21. Esther Heerema Msw, "Shadowing in Alzheimer'S Disease," Verywell Health, February 10, 2023, https://www.verywellhealth.com/shadowing-in-alzheimers-97620.

Es mucho en lo que pensar, y es aún más con lo que lidiar una vez que aparecen los comportamientos de demencia. Por duro que sea, intente tener muy presente lo duro que debe ser para su ser querido vivir estas experiencias sin comprender del todo lo que le ocurre o le rodea. Aunque estos comportamientos le resulten frustrantes, no son maliciosos; normalmente tienen una razón detrás. Piense en lo que sabe que es cierto sobre la personalidad y la vida del paciente antes de la demencia para ayudarle a filtrar los significados que hay detrás de sus acciones. Por ejemplo, si trabajaron en el turno de noche durante sus años laborales, eso podría explicar por qué prefieren quedarse despiertos por la noche. Puede que intenten sentirse como antes. Y recuerde no discutir. Si una conversación contiene información incorrecta, redirija a su ser querido, en su lugar. [22]

Otras formas de gestionar estos comportamientos cambiantes son pasar tiempo de calidad tomando el té o jugando con el paciente; llamarle o chatear por vídeo con él si está lejos; pensar en cómo puede apoyar sus emociones; y utilizar antiguos mecanismos de afrontamiento, como mantener un horario constante, recordar cosas o salir a pasear con regularidad para quemar el exceso de energía como pistas sobre cómo manejar las cosas ahora.

En las antiguas prácticas médicas, los médicos recetaban regularmente fármacos antipsicóticos a los pacientes con demencia. Sin embargo, quedó claro que la mayoría de estos fármacos tenían beneficios limitados o nulos para las personas con demencia y conllevan graves efectos secundarios. Deben prescribirse como último recurso y sólo si las conductas causan una angustia grave de forma persistente o les ponen a ellos o a otros en peligro. Deben utilizarse junto con otros enfoques no farmacológicos, y siempre bajo la supervisión de un médico.

Para terminar, he aquí una lista de pasos para ayudar a controlar los comportamientos desafiantes:

1. Identifique el problema.

- ¿El comportamiento del paciente está causando algún problema?

- ¿Son las reacciones de los demás al comportamiento lo que está causando un problema?

- ¿El entorno o la situación vital del paciente le causan algún problema?

- ¿Hay algún otro factor, como intentar comunicar hambre, sed, dolor, aburrimiento o una necesidad diferente?

2. Fíjese en la situación.

- ¿Cuándo y dónde toma lugar el comportamiento?

- ¿Sucede siempre en las mismas circunstancias?

- ¿Hay otras personas implicadas? Si es así, ¿quién?

- ¿Las preguntas del paciente tienen un tema común?

- ¿Existen factores desencadenantes que provoquen el comportamiento?

3. Tenga en cuenta cómo se siente el paciente cuando muestra estos comportamientos.

- ¿Están cansados, sobreestimulados o asustados?

- ¿Se sienten avergonzados, ignorados, incomprendidos o tratados con condescendencia?

- ¿Están deprimidos o tienen alucinaciones?

- ¿Están aburridos, poco estimulados o les falta contacto social?

- ¿Son físicamente incómodos, como demasiado calientes o demasiado fríos?

4. Identifique cualquier cosa a la que la persona pueda estar reaccionando.

- ¿Se están dando cuenta de que hay cosas que ya no pueden hacer?

- ¿Ha ocurrido algo desagradable?

- ¿Tenían un recuerdo triste?

- ¿Alguien les ha provocado?

5. Desarrolle una estrategia.

- Hable con el paciente y las personas con las que pasa el tiempo y elabore un plan.

- Aplique los cambios de uno en uno o de dos en dos para ver si marcan la diferencia en los comportamientos. Por ejemplo, podría cambiar la forma en que les habla o la hora del día en que se ocupa de tareas específicas. Y lo que es más importante, sea coherente. Asegúrese de que todos los implicados en el plan de cuidados utilizan las mismas estrategias.

6. Lleve un registro.

- Todos los cambios no funcionarán, y eso está bien.

- Lleve un registro de lo que funciona, aunque no funcione siempre.

- Comparta el historial con otras personas que pasen tiempo cerca del paciente.[23]

Puede que se sienta abrumado después de leer todo lo que puede ocurrir, pero no todos los días son malos. No todo sucederá a la vez, y puede que ni siquiera se encuentre nunca con algunos de estos comportamientos. Tómeselo un día cada vez y una hora o un minuto cada día. Permanecer en el momento y no tomar los

---

23. "Reducing and Managing Behaviour That Challenges."

comportamientos como algo personal son las claves para cuidar a un ser querido con demencia.

Las sugerencias aquí son factores que puede controlar, pero siempre habrá factores que no. No se puede controlar lo que piensa un paciente, cómo puede hacerle reaccionar un medicamento o lo rápido que progresa la demencia. Sin embargo, puede hacer ajustes en función de los cambios y utilizar el método de ensayo y error para determinar cómo manejar las situaciones difíciles. Sobre todo, acuérdese de darse gracia a sí mismo. Mientras haga todo lo que pueda, estará haciendo lo suficiente.

Esperemos que este capítulo le haya hecho más consciente y equipado para la miríada de formas en que los comportamientos de su ser querido podrían cambiar en los próximos meses y años. Desde bañarse hasta deambular, desde problemas para comer hasta arrebatos, hay cosas que puede hacer para ayudarles a ellos y a usted a sentirse mejor. Independientemente de las estrategias que pruebe, recuerde que el paciente también se está sintiendo afectado por los cambios que se están produciendo en él y que sus reacciones y respuestas le dan pistas sobre cómo comportarse.

Actuar

Tómese unos minutos para anotar los comportamientos mencionados en este capítulo que ya haya observado en la persona a la que cuida. A continuación, elabore un cuadro con dos columnas. En el lado izquierdo, escriba la forma en que manejó la situación. En el lado derecho, escriba un mecanismo de afrontamiento que haya aprendido en este capítulo que podría ser tan eficaz o más que lo que está haciendo actualmente. Si algún comportamiento le tiene perplejo, no dude en consultar a su médico.

En el próximo capítulo, exploraremos la importancia de pasar un tiempo significativo con su ser querido haciendo cosas que le aporten alegría. Descubrirá que llevarles alegría suele significar llevarle alegría a usted mismo.

Encontrar Un Punto En Común

M e había acostumbrado a que los primeros minutos de mis visitas con Sheila y Kendra consistieran en una puesta al día sobre los nuevos comportamientos que Sheila había mostrado y que hacían más difícil su cuidado. Sin embargo, un día, cuando entré en la sala de reconocimiento, Kendra estaba sonriendo.

«Estoy deseando contarle lo que ha pasado», dijo. «Hace unos días, paseábamos por el barrio y pasamos por el parque donde solíamos jugar cuando éramos niños. Caminamos por el sendero y no había nadie en los columpios. Siempre hay alguien en los columpios».

Asentí con la cabeza y noté la serenidad en los rostros de ambas mujeres.

«Sheila me preguntó si quería subirme a un columpio. Empecé a decirle que no porque temía que se cayera, pero decidí acompañarla. Ayudé a Sheila a subir a un columpio y me senté en el de al lado. Ella empezó a mover las piernas. Solo iba un poco hacia delante y hacia atrás, pero sonreía y se reía. Me dijo que me columpiara yo también, así que lo hice. Antes de que me diera cuenta, ¡las dos nos estábamos riendo mientras nos balanceábamos en esos columpios como dos rocas en un trozo de hilo!».

«Nos subimos al columpio todos los días, ¿verdad Kendra?» preguntó Sheila. «Sí, claro que sí», respondió Kendra con un movimiento de cabeza.

Kendra continuó contándome cómo Sheila le había enseñado a columpiarse cuando eran niñas y cómo iban en bicicleta al parque todos los días en verano y se quedaban allí durante horas. Era la primera vez que se columpiaban en años. Bajo la atenta supervisión de Kendra, disfrutaron de unos minutos recordando tiempos más sencillos.

Recordar la importancia de su papel en los momentos de serenidad y alegría le ayudará a atemperar los momentos que no sean tan apacibles.

Como la demencia cambia el cerebro y esos cambios físicos provocan cambios en el comportamiento, las relaciones también cambiarán. Pero aunque las relaciones puedan cambiar, la necesidad de amor y afecto no lo hace. A veces, esta necesidad de afecto puede manifestarse como muestras de cariño en momentos inadecuados. Es probable que el papel del cuidador en la relación cambie. Puede que pase a ser responsable de cosas de las que antes no lo era, como las finanzas. Su relación con la familia y los amigos podría cambiar. Puede que sientan que no saben cómo comportarse con el paciente o qué decir sobre la situación, por lo que pueden evitarle... Lo que significa que puede recaer sobre usted la responsabilidad de acercarse a ellos con sugerencias sobre qué decir y hacer con el paciente. Aunque puede resultar tentador evitar a quienes le evitan, es mejor acercarse a las posibles fuentes de apoyo y guiar la conversación. La propia enfermedad puede provocar cambios en el comportamiento de los seres queridos que, o bien no pueden aceptar la enfermedad, o bien no se sienten preparados para ayudar. Esto puede causar resentimiento, desacuerdos y falta de aportación en las decisiones importantes.

Considere la posibilidad de celebrar una reunión familiar para poder dirigirse a todos simultáneamente. Diga por adelantado que puede que no todo el mundo esté de acuerdo con las decisiones que haya que tomar, pero asegúrese de comunicarlas a medida que las vaya tomando para que nadie se sienta excluido.

Todas las personas en la vida del paciente sentirán el impacto de un diagnóstico de demencia. El paciente se convertirá en el centro de atención, lo fuera antes o no. Esta nueva atención puede hacer que otros miembros de la familia, como los cónyuges o los hijos, se sientan desatendidos. Sentirse desatendidos puede hacer que se sientan resentidos por no recibir la atención que necesitan. Las personas también pueden sentirse agobiadas si tienen que tomar nuevas responsabilidades, como las tareas domésticas o sentarse con el paciente. Estos sentimientos pueden conducir al retiro, a la negatividad e incluso al divorcio.

Recuerde que la gente puede reaccionar ante la misma situación de muchas maneras diferentes y esas reacciones pueden ir desde la cercanía y la ayuda hasta el retraimiento y la división. Por otro lado, en algunas familias, la demencia aporta una nueva sensación de cercanía, ya que los seres queridos reman juntos para superar la situación. Al hacerlo, algunas personas aprenden que tienen puntos fuertes que no sabían que tenían. En cualquier caso, la demencia suele ir acompañada de algunas emociones comunes y pesadas para familiares y amigos.

Culpa

De algún modo, la enfermedad humaniza a las personas de un modo que suscita un nuevo nivel de remordimiento o responsabilidad. Como resultado de un diagnóstico de demencia, las personas cercanas al paciente pueden sentirse culpables por cómo le trataron en algún momento del pasado, avergonzadas o incómodas por los nuevos comportamientos extraños del paciente, o culpables por haber perdido los nervios o por no haber cuidado de la persona enferma. Supongamos que el paciente tiene que ir al hospital o ingresar en un centro asistencial. En ese caso, los cuidadores pueden sentirse mal por no haber podido mantenerlos en casa más tiempo, aunque hayan hecho todo lo posible por ayudar. Si ha hecho promesas como «siempre estaré ahí para ti», puede que ahora sienta que no está cumpliendo esas promesas.

Duelo y pérdida

Puesto que sabemos que no existe cura para la demencia, un diagnóstico significa enfrentarse a la inevitable doble pérdida de un ser querido. La pérdida llegará con su fallecimiento, pero también está la pérdida de la persona que siempre ha sabido que era. El dolor por la pérdida del futuro que habían imaginado juntos es una respuesta normal y saludable. Como todas las emociones, cada persona experimentará estos sentimientos de duelo de forma diferente.

Ira

La ira es un sentimiento natural que surge al cuidar a alguien con demencia. Puede ser ira contra la propia enfermedad, ira por tener que cuidar al paciente, ira contra los que no le ayudan, ira contra el paciente difícil o ira contra los servicios de apoyo. Esta ira puede llegar a ser abrumadora, y los sentimientos de angustia, frustración, culpabilidad y agotamiento pueden hacer que sienta ganas de sacudir, empujar o incluso golpear al paciente con demencia. Si alguna vez siente que puede perder el control, hablar de estos sentimientos con su médico o con alguien que le apoye es de vital importancia.

Miembros jóvenes de la familia

Un grupo que a menudo se olvida mientras se cuida a un paciente con demencia es el de los jóvenes de la familia. Dadas las exigencias del cuidado de la demencia, los adolescentes y los niños pueden perder de repente la atención a la que estaban acostumbrados. Por lo tanto, explicarles la enfermedad de forma que la entiendan y permitirles que colaboren es esencial.

Los niños suelen sentir diversas emociones cuando se diagnostica a un abuelo. Puede que teman haber hecho algo para provocar la demencia o que piensen que pueden contagiarse ellos mismos. Los adolescentes pueden resentirse si se les pide ayuda o sentirse avergonzados de que su abuelo sea diferente. Los hijos en edad universitaria pueden sentirse reacios a dejar a la familia para ir a la escuela.

Es importante tranquilizar a los niños diciéndoles que no pueden provocar ni contagiarse la demencia y ser francos sobre los cambios que se avecinan. Hágales saber que el paciente olvidará cosas, que puede decir o hacer cosas que le hagan sentir avergonzado o que puede emocionarse en momentos inesperados. Dígales que todo esto es consecuencia del impacto de la enfermedad en el cerebro y nada más.

La familia Rouse tenía seis hermanos, todos ellos con hijos propios. Robert y Tina tuvieron 28 nietos entre sus seis hijos e hijas. La familia se iba de vacaciones junta siempre que era posible, pasando mucho tiempo en casa de Rob y Tina. Cuando los síntomas de demencia de Rob se hicieron demasiado intensos para ignorarlos y le diagnosticaron Alzheimer, la familia se preocupó por cómo decírselo a los pequeños, cuyas edades oscilaban entre los 3 y los 24 años. Les di recursos para ayudarles a explicar lo que le ocurría a Rob y hablé con dos de los hijos de Rob y Tina para darles indicaciones sobre cómo dirigirse a los niños pequeños. Dividieron a los niños en grupos en función de su edad y abordaron la conversación de forma adecuada a la edad de cada grupo. Fomentaron el diálogo entre los niños para que pudieran explicarse las cosas unos a otros y formular preguntas que quizá se hubieran resistido a hacer a los adultos.

Es esencial atender las necesidades emocionales y encontrar formas de apoyar a los jóvenes de la familia. El asesoramiento o los grupos de apoyo para niños son excelentes opciones. Los profesores y el resto del personal de la escuela pueden ser una fuente de alivio y ánimo si conocen la situación. También es una oportunidad para un proyecto de legado, en el que puede hacer que la persona con demencia deje mensajes de amor y sabiduría a los niños de la familia mientras pueda.

Pareja

El vínculo con el enfermo de demencia es probablemente el que más repercute en su pareja. Su larga historia y sus papeles en la relación deben tomar un nuevo impulso, y puede que no sepan cómo manejarlo. Las parejas deben tener en cuenta que aunque uno de ellos tenga demencia, la demencia no les define. La comunicación y la aceptación son las herramientas más potentes de que disponen.

Cuando se dé cuenta de que algo está fuera de su control, céntrese en lo que puede controlar. Haga cosas que le aporten alegría. Dedique tiempo a actividades en las que el paciente aún pueda participar. Tenga la intención de no dejar que la enfermedad tome todos los aspectos de su vida. Por ejemplo, si siempre le ha gustado viajar, siga viajando y rememorando viajes pasados. Si siempre le ha gustado estar al aire libre, tome paseos o siéntese en la playa. Encuentre formas de dejar atrás la demencia de vez en cuando, pero no olvide planificar con antelación prestando la atención necesaria a abogados, planificadores financieros y familiares que deban ayudarle a prepararse para el futuro.[1]

Calidad de vida

Cuando se trata de la demencia, es esencial evitar sentirse desesperanzado y centrarse en mantener una buena calidad de vida para el paciente el mayor tiempo posible. En los últimos 20 años, las investigaciones han demostrado que la calidad de vida puede mejorar significativamente cuando los familiares o cuidadores remunerados participan en el plan de cuidados del paciente. Considere las necesidades básicas que todo el mundo tiene para llevar una vida plena y después considere que esas mismas necesidades básicas físicas, sociales y psicológicas se magnifican en el caso de las personas con demencia, aunque las necesidades puedan requerir modificaciones. Las necesidades físicas pueden parecer las más obvias, lo que significa que las de otras categorías pueden pasarse por alto. Pero los cuidadores deben recordar que tal vez no puedan hacer todo lo que el paciente considera necesario y que ellos, los cuidadores, también necesitan ser atendidos. Por lo tanto, es crucial que el paciente tenga un sistema de apoyo en lugar de sólo una persona de apoyo.

Necesidades básicas

Los cuidadores se aseguran de que el paciente tenga una alimentación nutritiva, hidratación y cuidados personales e higiénicos primarios. También son responsables de que el paciente reciba la atención médica adecuada y acuda a todas sus citas programadas.

Confort y tratamiento del dolor

Los pacientes con demencia no pueden articular sus sentimientos de forma coherente, por lo que corresponde al cuidador buscar señales y evaluar el comportamiento del paciente en busca de signos de angustia como arrebatos, combatividad, resistencia a recibir ayuda y deambulación.

Movimiento

Recuerde que la pérdida de habilidades mentales no significa necesariamente la pérdida de habilidades físicas. Las personas con demencia suelen conservar el deseo de realizar actividades físicas. Si falta, esa energía reprimida puede manifestarse en comportamientos problemáticos. Los paseos supervisados son una gran salida para los pacientes. Los paseos cambian su entorno, les proporcionan movimiento y les dan compañía. Caminar no es una actividad que requiera reglas o procesos complejos, por lo que no tienen que recordar mucho para realizarla. Además, ayuda a gastar energía, lo que podría conciliar el sueño. Recuerde, nunca deje que un paciente con demencia salga a pasear solo y en caso de mal tiempo, averigüe si hay clases de ejercicio disponibles en la comunidad para personas mayores. Los ejercicios ligeros en interiores, como caminar (con supervisión) en una cinta, el yoga (normal o en silla) y los estiramientos son grandes alternativas, no solo se debe estar al aire libre. Hay muchos canales de YouTube que enseñan estas habilidades, haciéndolas fácilmente accesibles.

Aficiones y actividades

La misma estimulación mental que necesita todo el mundo es la que necesitan los pacientes con demencia. Puede que no puedan participar en las actividades a las que están acostumbrados, pero hay formas de darles la emoción que buscan. Una forma de hacerlo es proporcionar micro versiones de su vida anterior.

He aquí algunos ejemplos de actividades en las que puede animar a su ser querido a participar:

- Si el paciente era carpintero, darle papel de lija para que lo frote contra la madera puede proporcionarle las mismas sensaciones de gozo que antes.

- Si trabajaban en su huerto pero ya no pueden hacerlo, pueden trabajar con plantas pequeñas sentados en un cuadro de su casa.

- Realizar tareas domésticas, como doblar toallas o quitar el polvo, puede ser satisfactorio.

- Las actividades relacionadas con la música, como bailar una canción que les guste, liberan endorfinas y seguro que les proporcionan momentos de alegría.

Interacciones sociales

Según una investigación de la Universidad Estatal de Utah, las interacciones sociales positivas provocan respuestas positivas en los pacientes con demencia. Aunque el paciente no siempre sepa quién es la persona que está al otro lado de la interacción, entiende las señales sociales, asiente con la cabeza, sonríe o muestra otros signos de acoplamiento positivo tras una interacción positiva. La disposición de un cuidador a participar en una conversación puede beneficiar significativamente al paciente aunque no tenga mucho sentido para él. Es posible que necesiten que se les inste a acoplarse a la conversación, así que pregúnteles por el día de su boda, dónde disfrutaban más yendo de vacaciones cuando eran niños o si tienen algún plan para el fin de semana. Como siempre, el propósito no es que tengan sentido o acierten en los hechos, sino que la interacción provoque sentimientos de positividad e inclusividad.

Kendra me habló de una ocasión en la que esto le funcionó. La tensión con Sheila iba en aumento, así que estaba dispuesta a probar algo nuevo para suavizar sus interacciones. Le preguntó a Sheila qué era lo que más le había gustado de su carrera.

«¿Sabes lo que fue realmente divertido? Cuando me convertí en presidenta de mi empresa de ingeniería. Fui la primera mujer en ser presidenta allí. Fue duro, pero valió la pena».

Kendra sabía que no era cierto, pero decidió mantener la conversación. «¿Qué fue lo más difícil?» preguntó Kendra.

«Ganarse el respeto de todos esos hombres. En aquella época, nadie pensaba que una mujer pudiera ocupar un puesto superior al de secretaria en una empresa así, pero me abrí camino y, al final, todos tuvieron que respetar lo que yo aportaba.»

Kendra dejó que Sheila continuara. Le sorprendió la imaginación de su hermana, que la hizo sonreír durante la conversación. Al fin y al cabo, estaba confabulando: inventando un falso recuerdo sin intención de engañar. Ella creía que su historia no era, en esencia, una mentira. Sheila respondió a las sonrisas de Kendra, así que ésta siguió haciendo preguntas con una actitud positiva y empezó a sonreír durante la conversación. Rápidamente se dio cuenta de que no había nada malo en las historias de su hermana y adoptó esta estrategia como habitual cada vez que percibía la frustración de Sheila.

Ambiente agradable

Crear un entorno agradable es un equilibrio delicado. Los espacios con pocos estímulos pueden resultar aburridos para el paciente. Al mismo tiempo, los espacios con demasiado ruido o estímulos visuales pueden ser abrumadores. Los pacientes con demencia aprecian los espacios tranquilos y bellos, ya que indican a su cerebro que se encuentran en un lugar seguro y bueno. Decorar con colores suaves e iluminación tenue, asegurarse de que hay suficiente luz natural y colocar plantas por la habitación son algunas formas de ayudar a que un espacio resulte agradable y acogedor.

Sentirse amado

Los actos de amor y amabilidad como sonreír, tocar suavemente y las palabras positivas son casi siempre bien recibidos por los pacientes con demencia. Debido a los cambios en el cerebro, el paciente puede sentirse confundido sobre quién está realizando realmente estos actos. Por ejemplo, pueden pensar que la persona que les habla y abraza es alguien de su vida que ya ha fallecido; sin embargo, las palabras y las acciones les hacen sentirse bien. Lo más importante es cómo se siente el paciente, ya que el acto en sí sigue siendo significativo.

Alegría

Los pacientes con demencia aún pueden experimentar la felicidad. Pueden sentir la energía de una habitación y responder a ella. Las pequeñas cosas, como girar en círculo, pueden encantarles. Son conscientes de cuándo se está pasando un buen rato a su alrededor. Si hace todo lo posible por aportar alegría mediante palabras, acciones, un lenguaje corporal positivo y un tacto suave, estará mejorando la calidad de vida del paciente a pesar de los inevitables momentos difíciles.

Determinar la calidad de vida

En las primeras fases de la demencia, los cuidadores pueden sentirse seguros de que sus esfuerzos están funcionando simplemente preguntando al paciente cómo se siente. Pero a medida que la enfermedad avanza y la comunicación se vuelve más compleja, saber si está haciendo las cosas bien puede parecer un misterio. En este punto, los cuidadores pueden determinar la calidad de vida del paciente por las señales faciales y el lenguaje corporal, como la frecuencia con la que sonríe, frunce el ceño, establece contacto visual o mira hacia otro lado. A medida que la demencia progresa, será más responsabilidad del cuidador iniciar actividades que aporten una sensación de calma y cuidado al paciente. Algo sencillo que pueden hacer los cuidadores es garantizar un poco de interacción social al paciente cada día. [2]

Una nueva investigación presentada en la Conferencia Internacional de la Asociación de Alzheimer descubrió que diez minutos de interacción al día se traducen en una mejora del bienestar de los pacientes con demencia. Aun así, se ha determinado que diez minutos no son suficientes. Los expertos abogan por un enfoque de la atención centrado en la persona que tenga en cuenta las necesidades, capacidades, intereses y preferencias del paciente.[3] Hasta que esto sea la norma, programe la interacción diaria con su ser querido en la rutina tanto como sea posible, cara a cara o digitalmente.

Con el entorno adecuado, las personas con demencia pueden llevar una vida satisfactoria durante muchos años después de su diagnóstico. Esto significa un comportamiento menos preocupante, así como menos estrés para los cuidadores. He aquí algunos recordatorios para establecer un entorno seguro y agradable:

- **Proporcionar una sensación de seguridad y comodidad**

Haga los cambios necesarios en el hogar para provocar sentimientos de seguridad. Si es necesario, sea más intencionado a la hora de escuchar y hable en tono suave para ayudar a reducir los sentimientos de frustración del paciente.

- **Proporcionar un entorno de relajación y apoyo emocional**

Considere la música, la aromaterapia o un espacio sagrado para la oración y el tiempo de silencio. Si el paciente lo encuentra relajante, mantenga a su mascota cerca, o considere la posibilidad de tener una mascota si no la tiene. A Kendra le

---

2. Elizabeth B. Fauth, Maria C. Norton, and Jessica J. Weyerman, "Maximizing the Quality of Life for Persons with Dementia," Healthy Aging, accessed March 13, 2024, https://digitalcommons.usu.ed u/cgi/viewcontent.cgi?article=2822&context=extension_curall.

3. "Ten Minutes of Social Interaction Improves Wellbeing in Dementia Care," Alzheimer's Society, July 30, 2018, https://www.alzheimers.org.uk/news/2018-07-30/ten-minutes-social-interaction-impro ves- wellbeing-dementia-care.

resultó útil encender una vela por Sheila junto a su sillón cada mañana para poder escuchar los vídeos en línea de su predicador favorito y rezar. Empezar el día así les proporcionó una sensación de calma y «arraigo» que las preparó a ambas para el día.

- **Proporcionar actividades significativas**

Implique al paciente en actividades que le hagan sentirse útil, como doblar la ropa, realizar tareas de cocina seguras, quitar el polvo, ordenar álbumes de fotos o trabajar en el jardín. Asegúrese de que estas actividades les harán sentirse bien, no agobiados. Deje espacio para los errores y dé al paciente el tiempo adecuado para realizar las tareas a su propio ritmo. Recuerde que no todas sus habilidades van a fallar simultáneamente, así que muéstreles opciones adecuadas a lo que todavía pueden hacer. Asegúrese de incluir actividades que les mantengan en movimiento, como caminar, para que puedan liberar la energía reprimida y hacer el ejercicio que necesitan.

- **¡Diviértase!**

La vida no se acaba tras un diagnóstico de demencia. Los pacientes pueden seguir jugando, disfrutando de salidas e interactuando con otras personas. Averigüe qué les gusta y qué es seguro e incluya estas actividades en sus vidas. Mantenga estas actividades libres de presiones y acérquese a ellas como si fueran actividades cotidianas en lugar de obligatorias por el médico. Si una actividad le parece divertida, pero al paciente no le interesa, pase a otra cosa.

- **Relájese y hable**

La demencia traerá momentos de mucho estrés, pero no todos los momentos serán estresantes. Cuando haya una oportunidad para relajarse, tómela. En momentos de poco estrés, los pacientes con demencia a menudo pueden recordar cosas del pasado, y disfrutarán compartiendo estas experiencias. Una cosa que se puede hacer en estos momentos es mirar libros sencillos con ilustraciones. Los cuidadores pueden leer junto con ellos o incluso representar las escenas del cuento. La música puede proporcionar un ambiente relajante o traer recuerdos positivos. Las canciones de las películas o los jingles de la infancia pueden evocar esos recuerdos y proporcionar una conversación entretenida. Los olores y las especias pueden desencadenar pensamientos de tiempos felices y el recuerdo puede brindar la oportunidad de registrar las experiencias vitales del paciente de forma creativa.

- **Qué hacer y qué no hacer**

Recuerde que debe hacer todo lo posible para que el paciente se sienta partícipe activo de su propia vida. Haga ajustes para que las actividades no parezcan tan fáciles que resulten condescendientes ni tan complicadas que resulten imposibles. Deje que se ocupen de las actividades a su propio ritmo y que elijan cosas significativas. No:

- Obligue a los pacientes a hacer algo que no quieran hacer

- Los supervise constantemente para que hagan las cosas correctamente

- Los apure

- Haga nada que les pueda poner en peligro

- Intente corregir sus errores

- Se ría de ellos[4]

Procure ser siempre amable, empático y comprensivo. Sé que es más fácil decirlo que hacerlo en momentos de dificultad, pero la demencia es cuestión de momentos. Algunos serán difíciles, mientras que otros serán dulces. Acostúmbrese a permanecer en el momento. Aunque la memoria del paciente se esté desvaneciendo, lo que más importa es lo que está ocurriendo «en el ahora».

Actuar

¿Qué relaciones han cambiado a raíz del diagnóstico de demencia de su paciente? Anote los cambios que se han producido y considere si hay alguna conversación que pueda hacer que la comunicación sea más fácil entre usted, otros cuidadores y los seres queridos afectados por el diagnóstico.

¿Qué prácticas ha establecido para proporcionar momentos de alivio y alegría al paciente que atiende? Haga una lista de lo que más le ha gustado, luego vuelva a este capítulo y marque 2 o 3 nuevas prácticas que pueda establecer para provocar sentimientos positivos y recuerdos felices.

A continuación, pasaremos a la tercera sección de esta guía. En el siguiente capítulo, nos centraremos en su papel como cuidador y en cómo evolucionará ese papel a medida que la demencia progrese en el paciente. Hablaremos de lo que debe esperar de la enfermedad, de las expectativas que debe y no debe ponerse, y de las formas de cuidar de sí mismo mientras cuida de su ser querido.

TERCERA PARTE

EVALUAR

Comprender Su Papel

Antes del diagnóstico de Sheila, Kendra no sabía cómo sería su día a día. Sabía que las cosas se pondrían difíciles y que esto podía ser rápidamente, pero ante todo no estaba informada de las implicaciones físicas, emocionales y financieras de la enfermedad de su hermana. Kendra pasó de ser una hermana menor despreocupada a sentir que la vida de su hermana estaba en sus manos. A medida que las cosas se ponían cada vez más intensas y ella empezaba a sentirse agotada, se cuestionó su capacidad para seguir cuidando de su hermana. Kendra estaba agotada. Se había vuelto irritable con personas que no tenían nada que ver con la situación, había perdido el contacto con amigos que habían sido constantes en su vida antes del diagnóstico de su hermana y su rutina de ejercicios se había vuelto inexistente.

Estos sentimientos y realidades son prácticamente universales para los cuidadores informales.

Como recordatorio, existen dos tipos de cuidadores. A los cuidadores formales se les paga por atender a los pacientes, ya sea en sus casas o en un centro asistencial. Cuando decimos «cuidador» en este libro, nos referimos a los cuidadores informales, personas no remuneradas que suelen ser seres queridos que ayudan a los pacientes en las tareas médicas y de la vida diaria. Veamos de nuevo las cifras en lo que se refiere a los cuidadores no remunerados.

- En 2020, 41,8 millones de estadounidenses prestaron cuidados no remunerados a un adulto mayor de 50 años.

- El 89% de los cuidadores atienden a un familiar u otro ser querido, como el cónyuge.

- Se calcula que los cuidadores proporcionan cada año 470000 millones de dólares en trabajo gratuito.

- Los cuidadores prestan cuidados no remunerados a sus seres queridos durante una media de 4,5 años.

- Los cuidadores familiares que viven con su familiar mayor dedican una media de 37,4 horas semanales a tareas de cuidado directo. Los que no viven con sus familiares dedican 23,7 horas semanales a estas tareas.[1]

Con estos datos en mente, puede que se sienta abrumado. Esperemos que le ayude a sentirse menos solo, pero eso no niega los retos a los que se enfrentará cuando sean sólo usted y su ser querido los que se enfrenten a la demencia. No hay dos experiencias iguales. La dinámica de su familia, la fase de la enfermedad, la personalidad de su ser querido y muchas otras variables determinarán su entrada en el puesto de cuidador, la duración de su estancia en este puesto y los cambios en el mismo que se producirán debido a la naturaleza de la enfermedad. La trayectoria de su papel y sus responsabilidades se ve afectada por las necesidades del paciente y los entornos en los que puede prestarse esta atención.

Como cuidador, desempeñará un papel de defensa. Interactuará con múltiples proveedores, pasará de su casa a un hospital o a un centro de rehabilitación, se trasladará a un centro de vida asistida y, en última instancia, se ocupará de los cuidados al final de la vida. Cada transición supondrá un cambio para usted. También indicará un cambio en el estado de salud y funcionalidad del paciente,

---

1. Samuels, "Caregiver Statistics: A Data Portrait of Family Caregiving in 2023," June 15, 2023.

que puede afectar a la salud social, física y emocional del cuidador. Un episodio de cuidado se determina en términos de duración e intensidad, es decir, las horas dedicadas al cuidado cada día, semana o mes. La intensidad variará en función del nivel de deterioro del paciente. Los que asisten solo en las actividades domésticas dedican una media de 85 horas al mes a prestar cuidados, mientras que los que atienden a un paciente con tres o más necesidades de autocuidado o movilidad dedican 253 horas al mes a atenderlo. Este lapso de tiempo equivale casi a dos empleos a tiempo completo.

La vida cotidiana del cuidador se entrecruza con el papel y las responsabilidades en su propia vida, aparte del cuidado, de diferentes maneras. En el mejor de los casos, el cuidador puede equilibrar sus papeles, pero a medida que se acumulan las demandas de cuidados y los costes de éstos se vuelven abrumadores, otros aspectos de la vida del cuidador pueden quedar eclipsados. Si los miembros de la familia no están de acuerdo, la trayectoria también puede volverse más compleja. Las fases de la trayectoria de cuidado son las siguientes:

Sensibilización

La fase de concienciación incluye el reconocimiento de las crecientes discapacidades del paciente, los cambios en su salud y los cambios de comportamiento que indican la necesidad de cuidados. El paciente puede restar importancia a su necesidad de cuidados en esta fase por temor a sobrecargar a los demás. La toma de conciencia de su estado puede producirse de forma gradual o repentina. Muchas preguntas acompañan a esta fase mientras el cuidador intenta determinar cómo satisfacer las necesidades del paciente. Uno o más miembros de la familia suelen asumir el papel de cuidador en respuesta a estas necesidades. Las relaciones existentes, los roles de género, las normas culturales y la proximidad geográfica suelen determinar quién será esta persona.

Desplegar la responsabilidad

Puede producirse ambigüedad mientras el cuidador intenta averiguar cuál es su papel. Esto puede significar redefinir su relación con el paciente y con otras personas cercanas a él. Los cambios sociales se producen cuando usted abandona sus actividades habituales. El papel es imprevisible, lo que puede provocar incertidumbre sobre el futuro. La confianza del cuidador está ligada al estado de la enfermedad del paciente junto con los conocimientos y habilidades del cuidador sobre las necesidades del paciente.

Aumento de la demanda asistencial

Las tareas iniciales del cuidador pueden consistir en vigilar los síntomas y los medicamentos, gestionar las tareas domésticas, comunicarse con los profesionales sanitarios y proporcionar apoyo emocional al paciente. Con el tiempo, estas tareas pueden incluir dar tareas de autocuidado, convertirse en una persona que toma decisiones para el receptor de los cuidados y proporcionar cuidados especializados, como poner inyecciones. La trayectoria del cuidado se vuelve más compleja e intensa a medida que la demencia avanza hacia las fases media y tardía.

Final de la vida

Esta fase puede implicar cuidados en residencias de ancianos y hospitalizaciones repetidas a medida que la salud del paciente empeora. Esto significa que el cuidador estará probablemente implicado en los cuidados al final de la vida, como los cuidados paliativos o de apoyo. A medida que las demandas se hacen más urgentes e intensivas, los cuidadores pueden experimentar una mayor carga y estrés. Sin embargo, también pueden encontrar un mayor significado en la prestación de cuidados al final de la vida.

Funciones de los cuidadores familiares

La responsabilidad del cuidador familiar puede ir desde la asistencia en las actividades diarias y la atención directa al paciente hasta la navegación por los complejos sistemas sanitarios y de servicios sociales. Estas responsabilidades pueden incluir tareas domésticas, tareas de higiene, movilidad, apoyo emocional y social, atención médica y sanitaria, defensa, coordinación de cuidados y subrogación.

Cada una de estas categorías lleva asociadas varias tareas. Cada dominio exige una continua resolución de problemas, toma de decisiones y comunicación con los profesionales sanitarios y los familiares. Al mismo tiempo, el cuidador debe seguir velando por el bienestar del paciente. Las responsabilidades de un cuidador pueden incluir:

Asistencia en las tareas domésticas, cuidado personal, movilidad y supervisión

Es habitual que los cuidadores ayuden con las compras, las tareas domésticas, las comidas, las facturas, la gestión del dinero y el mantenimiento del hogar. Estas actividades son a menudo responsabilidades diarias. El 44% de los cuidadores afirman ayudar en estas actividades todos o casi todos los días. Casi el 18% de los cuidadores ayudan con tareas de autocuidado como bañarse, vestirse, alimentarse e ir al baño cada día o la mayoría de los días. Es habitual que los cuidadores de pacientes con demencia les ayuden con estas tareas a diario.

Proporcionar apoyo emocional y social

El apoyo emocional y social que necesitan los adultos mayores tras un diagnóstico difícil es diferente del que suelen recibir de sus familiares y amigos. A medida que aumentan sus necesidades, es posible que no puedan corresponder a los esfuerzos del cuidador como antes. Además, las respuestas emocionales del paciente a las circunstancias cambiantes pueden requerir más apoyo por parte del cuidador. Como resultado, el cuidador puede experimentar síntomas de depresión, ansiedad, irritabilidad o ira. Estos cambios pueden no ser perceptibles al principio. De hecho, es posible que el cuidador no note cambios en la relación hasta que lleven un tiempo presentes.

Salud y asistencia médica

La participación de la familia en la atención sanitaria es ahora mucho más común que en el pasado. Los cuidadores están realizando en el hogar tareas que antes estaban reservadas a los profesionales sanitarios en los centros de salud. Esto se debe en parte a los esfuerzos por reducir el tiempo que pasan los pacientes en los centros de cuidados de larga duración y en los hospitales, además de la creciente complejidad de averiguar cuál es la mejor ubicación para los pacientes con enfermedades crónicas y agudas. Hoy en día, se pueden proporcionar cuidados médicos más complejos en casa en comparación con el pasado. Por ejemplo, además de los simples medicamentos orales, los cuidadores pueden administrar diferentes formas de inyecciones a los pacientes en casa. Los cuidadores también pueden manejar drenajes, tubos, catéteres y traqueostomías mientras controlan los síntomas y vigilan el estado del paciente.

«No soy enfermera», me dijo Kendra en una de las citas de Sheila cuando le pregunté por sus medicamentos. «Me cuesta seguir el ritmo de todo esto. Ni siquiera puedo pronunciar la mayoría de estos nombres».

A medida que la salud de Sheila se deterioraba, empezó a chocar con las cosas y a caerse con más frecuencia. Kendra hacía lo que podía pero sentía que no era suficiente. Una noche, Sheila se había levantado en mitad de la noche, se había caído y se había hecho un corte en el brazo. Primero, Kendra se culpó a sí misma. Pensaba que había puesto la casa a prueba de accidentes para evitar lesiones, pero parece que sus esfuerzos no fueron tan eficaces como esperaba. Luego, se sintió abrumada por tener que atender los puntos del brazo de Sheila. Más o menos al mismo tiempo, empezamos a ponerle a Sheila inyecciones subcutáneas de insulina que Kendra tenía que administrarle todos los días. Cuando le pregunté cómo iban las cosas, pude sentir su agotamiento y frustración. Le recordé el abanico de programas educativos y recursos que tiene a su disposición. Puede utilizar el buscador de recursos de la página web de la **Asociación de Alzheimer** para ver si su comunidad ofrece clases de este tipo. Si no es así, existen cursos en línea gratuitos.

Escanee el código QR para acceder a los recursos de la Asociación de Alzheimer.

https://www.alz.org/es-mx

Defensa y coordinación de cuidados

El papel del cuidador como defensor consiste en identificar las necesidades del paciente y ayudarle a obtener los recursos sanitarios necesarios. Esto podría significar determinar la elegibilidad del paciente para recibir servicios y los costes de dichos servicios. Los proveedores de asistencia sanitaria, las agencias públicas y privadas de base comunitaria, los empleadores y los pagadores (Medicare, Medicaid y los planes privados de seguros de brecha) pueden resultar confusos, y los cuidadores a menudo deben sortear estos retos sin ayuda. Hay capas añadidas de dificultad si el paciente o el cuidador es LGBT, si es que se enfrenta a una lengua inglesa o una alfabetización limitadas, o forma parte de un grupo racial o étnico en el que la atención estándar no está adaptada a sus necesidades específicas. Incluso si el paciente se traslada a un centro asistencial, el cuidador familiar suele seguir implicado en tareas similares.

Puede abogar por su ser querido de las siguientes maneras:

- Comunicar claramente sus necesidades y vulnerabilidades a los cuidadores formales

- Hacer preguntas importantes y compartir datos críticos con los profesionales médicos

- Ser tenaces para que se satisfagan sus necesidades

- Asegurarse de que el personal médico tiene su información de contacto y pedirles actualizaciones frecuentes

- Mantener los registros actualizados para que pueda aportar documentación fácilmente cuando sea necesario.[2]

Mi paciente, Freddie, estaba seguro de que había concertado una póliza de seguro de desempleo mientras seguía trabajando que estaría en vigor durante toda su jubilación. Cuando las costosas facturas por sus cuidados siguieron apareciendo en el correo y los cobradores empezaron a llamar cada hora, se enfadó, al igual que su hija, Gloria. Gloria imaginó que en su estado, su padre pensaba que había finalizado esa póliza pero que en realidad no la había llevado a cabo. Su padre insistió, así que a pesar de sus recelos, Gloria se puso manos a la obra para demostrarle que tenía razón.

Gloria reunió toda la documentación que pensó que necesitaría para demostrar que la póliza de seguro de Freddie cubriría sus cuidados por demencia. Llamó a los números 1-800 que figuraban en los papeles, hizo preguntas a su padre, escuchó pacientemente mientras él se debatía con las respuestas y descubrió el problema: alguien que trabajaba para la compañía de seguros no había terminado de introducir la información en el sistema, aunque el aviso de aprobación estaba escrito en las notas. Resultó que Freddie tenía razón e inmediatamente, miles de dólares de frustración financiera se borraron. La promoción toma tiempo y paciencia, pero la recompensa casi siempre compensa el trabajo.

Toma de decisiones y maternidad subrogada

Los cuidadores suelen asumir el papel de responsables de la toma de decisiones en lo que respecta a las directrices anticipadas, el asesoramiento e incluso el apoyo al final de la vida, sobre todo si la persona que recibe los cuidados tiene capacidades cognitivas limitadas. Incluso si los pacientes pueden expresar sus deseos, pueden carecer de la cognición para llevarlos a cabo. Esto hace que el cuidador tenga que enfrentarse a decisiones sobre las opciones de tratamiento, la ubicación de los cuidados y la atención al final de la vida. Las consideraciones para estas decisiones incluyen preferencias, necesidades, objetivos, capacidades, percepciones, religión, dinámica familiar, finanzas y sentido práctico. El paciente y el cuidador pueden no estar de acuerdo en todos estos elementos. Mientras sea posible, el cuidador debe aprender todo lo que pueda del paciente sobre sus preferencias para respetar sus deseos, ya que la opinión del paciente es primordial. El paciente y su familia deben decidir quién será responsable de estas decisiones para que puedan dotarse de las herramientas necesarias para llevar a cabo los deseos del paciente cuando llegue el momento.

Las voluntades anticipadas son documentos legales que dan instrucciones para la atención médica de un paciente una vez que éste no puede comunicar sus propios deseos. Los dos tipos más comunes son el testamento vital y el poder notarial para la atención sanitaria. Basta con firmar los papeles para que estas directivas entren en vigor. Puede solicitar estos formularios a su médico o encontrarlos en línea a través de sitios web como el de la AARP que proporciona los formularios correctos por estado.

*Escanee el código QR para
acceder a los formularios de
instrucciones previas de la
AARP*

https://www.aarp.org/espanol/recursos-para-el-cuidado/

Preparación de los cuidadores

El papel del cuidador es variado y complejo, e implica conocimientos especializados, flexibilidad y capacidad de comunicación. Sin embargo, la evidencia sugiere que muchos cuidadores no están adecuadamente preparados para sus responsabilidades. Una encuesta realizada en 2015 por la National Alliance for Caregiving y el AARP Public Policy Institute reveló que la mitad de los cuidadores de adultos mayores de 50 años con demencia declararon tener que realizar tareas médicas sin preparación previa. Muchos cuidadores dijeron que aprendieron por ensayo y error y que tenían miedo de cometer errores. Las responsabilidades son de amplio alcance y requieren un compromiso de tiempo significativo. Desgraciadamente, la educación de los cuidadores aún no se ha abordado de forma sistemática y la capacitación de quienes desempeñan esta función es inconsistente. Sin embargo, la lectura de este libro es un paso importante para proporcionarle la educación y la preparación que necesitará para el viaje de la demencia que le espera. Además, las páginas web, YouTube, otros medios sociales y los grupos de apoyo pueden ayudarle a llenar las lagunas de conocimiento que pueda encontrar en el proceso.

El impacto de los cuidados

El impacto que los cuidados tienen en el cuidador depende de muchas variables. Existe el riesgo de que se produzcan efectos adversos en el bienestar de los cuidadores en casi todos los aspectos de su vida, desde su salud hasta sus relaciones y su seguridad económica. También puede haber efectos positivos, como una sensación de confianza en sus capacidades y de cercanía con el receptor de los cuidados. También está la confianza de que el paciente está bien atendido. Veamos los efectos del papel más de cerca.

Efectos psicológicos

Aunque los efectos psicológicos de los cuidados pueden ser positivos o negativos, los negativos suelen superar a los positivos. Es importante reconocer y honrar los efectos psicológicos que los cuidados tienen sobre usted y buscar ayuda cuando sea necesario.

Aspectos psicológicos negativos

Los efectos adversos del cuidado pueden ir desde sentimientos de frustración y estrés hasta síntomas de depresión y ansiedad. Los expertos informan de una mayor tasa de malestar psicológico entre los cuidadores que entre los que no lo son, con tasas especialmente altas de depresión en los que cuidan a pacientes con demencia. Cuantos más cuidados prácticos proporcionen los cuidadores familiares, mayor será su angustia. Sin embargo, los síntomas persisten incluso después de que el paciente sea trasladado a un centro de cuidados de larga duración. Las causas de esta angustia persistente incluyen la preocupación por la atención adecuada en el centro, la falta de comunicación con el personal y los médicos del centro, los retos de la toma de decisiones por sustitutos y la falta de apoyo en la planificación de los cuidados y las decisiones al final de la vida. Las investigaciones demuestran que los efectos psicológicos son más evidentes en los periodos de transición del ciclo asistencial, como cuando comienzan los cuidados, cuando el paciente se deteriora repentinamente y cuando finalizan. Sin embargo, cuidar durante un largo periodo puede tener efectos acumulativos. Parece que los que desempeñaron esta función durante cinco años mostraron más síntomas que los que lo hicieron durante dos años, incluso cuando se compararon con cuidadores cuyos receptores de cuidados habían fallecido.

Aspectos psicológicos positivos

Sí, cuidar puede ser un reto tremendo, pero muchas personas que desempeñan esta función encuentran la experiencia gratificante. Encuentran una apreciación renovada de la vida, crecimiento personal, confianza en su autocontrol, dominio de nuevas habilidades, mayor autoestima y relaciones más estrechas. Los efectos positivos pueden anular algunos de los impactos negativos del cuidado, ya que los sentimientos de positividad hacen que la carga se sienta más ligera, una victoria para la salud mental en general.

Xander era joven y tenía su propia familia. Sus hijos participaban en la orquesta, el debate y el fútbol, lo que significaba que no tenía mucho tiempo libre. Cuando a su madre, Lily, le diagnosticaron demencia, todo su mundo se reorganizó. Su mujer le apoyaba y estaba dispuesta a hacer los ajustes necesarios para que Xander pasara todo el tiempo que pudiera con su madre. Sin embargo, Xander no estaba interesado en poner su vida patas arriba. Sabía que algún día llegaría a esto, ya que era hijo único, pero no esperaba que fuera tan pronto, y desde luego no esperaba que fuera por la vía de la demencia. Durante las visitas de su madre, daba respuestas de una sola palabra a las preguntas que le hacía y se pasaba el tiempo mensajeando en su teléfono.

Xander y Lily entraron en mi despacho un día especialmente ajetreado. Cuando entré en la habitación, la primera pregunta que hizo Xander fue: «¿Por qué hay tanta gente sola?».

«¿Qué quieres decir?» pregunté.

«Hay mucha gente que parece de la edad de mi madre y mayor por ahí sola. ¿Quién está con ellos?», preguntó.

«Oh. Le sorprendería saber cuántos pacientes tienen que enfrentarse a esto solos», respondí.

Arrugó las cejas y miró a su madre. «¿Conducen solos?»

«Algunos sí, sí. A algunos los dejan y los vuelven a recoger. Algunos se van solos a casa. Lily tiene suerte de tenerte», le dije. «Los días no son solo difíciles para los cuidadores, son aún más difíciles para los pacientes. Sinceramente, nadie debería tener que soportar esto con otra cosa que no sea mucho amor y apoyo.»

Después de ese día, la actitud de Xander dio un giro de 180 grados. Empezó a tratar a Lily con cuidado, a cogerla de la mano al entrar y salir de la consulta y a acoplarse plenamente a nuestras conversaciones sobre el progreso de su demencia y lo que tendría que hacer a continuación. Empezó a investigar más sobre el estado de su madre por su cuenta y a hacer preguntas y se desvivió por hacerla sentir cómoda. Se puso en contacto conmigo tras la muerte de su madre y me contó cómo aquella época acabó enseñándole más sobre el amor de lo que había aprendido nunca, y aunque la situación empeoró, su actitud marcó la diferencia entre lo que podría haber sido el peor momento de su vida y lo que resultó ser el más valioso de su vida.

Efectos sobre la salud física

Cuidar no es en modo alguno una actividad pasiva. Los aspectos físicos y emocionales del trabajo tienen un efecto combinado en el bienestar físico del cuidador. Exploremos las consecuencias del cuidado en el bienestar del proveedor.

Los estudios han demostrado que los cuidadores declaran que su salud es peor que la de los no cuidadores. Su salud física está asociada a la carga del trabajo que realizan, las horas de cuidados que prestan, el número de tareas de cuidado que realizan, el tiempo que llevan en el puesto y las deficiencias del receptor de los cuidados. El Estudio sobre Salud y Jubilación descubrió que ser cuidador conyugal es un factor predictivo de las enfermedades cardiovasculares. Los cuidadores a largo plazo tienen el doble de riesgo que los cuidadores a corto plazo. El mismo estudio demostró que los cuidadores de personas con demencia tienen muchas más probabilidades de sufrir pérdida de peso involuntaria, agotamiento, debilidad y los efectos de una baja actividad física con el paso del tiempo. Un tema consistente en la literatura sobre los efectos en la salud de los cuidadores es que existe un 63% más de riesgo de mortalidad entre los cuidadores conyugales mayores si también informaron de tensión emocional en el papel de cuidador. Por el contrario, varios estudios recientes demuestran que la prestación de cuidados está asociada a un menor riesgo de mortalidad. Estos estudios pueden encontrar un punto intermedio si tenemos en cuenta que los estudios negativos se basan normalmente en cónyuges cuidadores mayores y sometidos a tensiones que proporcionan niveles intensos de cuidados. Por el contrario, los estudios positivos se centran en todos los cuidadores, independientemente de su edad o relación con el paciente.

Lesiones relacionadas con el cuidado

Proporcionar cuidados a un adulto mayor es una responsabilidad físicamente agotadora que implica transferencias, elevaciones, baños, vestimentas y posicionamiento del paciente. Estas actividades pueden provocar dolores de espalda, distensiones musculares y contusiones. Estas lesiones se magnifican más en los cuidadores mayores que pueden tener problemas de equilibrio, problemas de artritis o cambios en la masa muscular relacionados con la edad. El entorno del hogar puede contribuir al riesgo de lesiones si los espacios son demasiado pequeños para realizar adecuadamente las tareas necesarias, las habitaciones están demasiado desordenadas o las escaleras son demasiado empinadas.

Las limitaciones físicas contribuyeron a la frustración de Kendra cuando Sheila se cortó el brazo. Kendra tenía más de sesenta años y tenía dificultades para levantar, trasladar y equilibrar a Sheila varias veces al día. Las cosas eran manejables cuando Sheila tenía más movilidad. Ahora, Kendra empezaba a sentir que las ponía a las dos en peligro y, una vez que se produjo el corte, tuvo miedo de lo que pudiera ocurrir a continuación.

Medidas fisiológicas

Los desequilibrios hormonales y de la función celular pueden contribuir a los efectos adversos del cuidado de un paciente con demencia. El cortisol (la principal hormona del estrés del organismo), la adrenalina (hormona de lucha o huida), el sistema inmunológico, los anticuerpos, la insulina y otros elementos que contribuyen a un funcionamiento saludable pueden sufrir bajo el peso de los cuidados de la demencia. Los estudios también han descubierto un aumento del estrés cardiovascular, así como un envejecimiento acelerado del sistema inmunológico como resultado de la carga que acompaña al cuidado de un ser querido enfermo.

La Biblioteca Nacional de Medicina desglosa cómo la prestación de cuidados tiene todos los componentes de una experiencia de estrés crónico:

Cuidar crea tensión física y psicológica durante periodos prolongados, va acompañado de altos niveles de imprevisibilidad e incontrolabilidad, puede crear estrés secundario en múltiples ámbitos de la vida como el trabajo y las relaciones familiares y con frecuencia requiere altos niveles de vigilancia. Los cuidados se ajustan tan bien a la fórmula del estrés crónico que se utilizan como modelo para estudiar los efectos del estrés crónico sobre la salud.[3]

Conductas de salud

Si los cuidadores no toman tiempo para su propia salud, el estrés puede empeorar cualquier enfermedad preexistente o hacerles más vulnerables a nuevos problemas de salud. Tome un descanso adecuado, mantenga una dieta sana, haga ejercicio, tómese descansos, manténgase al día con los cuidados preventivos y únase a grupos de apoyo. Evite el abuso de sustancias, la mala alimentación o los comportamientos sedentarios. Esto puede ser más fácil de decir que de hacer, ya que los horarios de los cuidadores pueden ser impredecibles y consumir mucho tiempo, puede haber poca o ninguna ayuda, o el estrés de la situación puede

---

3. "Positive Aspects of Caregiving." American Psychological Association, 2011. https://www.apa.org/pi/about/publications/caregivers/faq/positive-aspects.

desencadenar comportamientos de riesgo. En un estudio sobre cuidadores de personas con demencia, casi un tercio de los sujetos se saltaba regularmente sus propias dosis de medicamento y casi la mitad no acudía a sus citas con el médico. En una revisión de 23 estudios, los cuidadores informaron de comportamientos de salud más arriesgados que los no cuidadores. Estos comportamientos están estrechamente correlacionados con los trastornos del sueño. Los cuidadores de pacientes con demencia tienen más problemas de sueño que los no cuidadores, incluyendo despertarse a lo largo de la noche y problemas para conciliar el sueño. Afortunadamente, cuanto más capaces se sientan los cuidadores de gestionar las dificultades, más positivos serán sus comportamientos. Cuanto mayor es la capacidad del cuidador para controlar sus pensamientos y encontrar momentos de alivio, menos conductas negativas de riesgo para la salud experimenta, lo que significa que se reduce el estrés sobre su bienestar.

Efectos sociales y relaciones familiares

El cuidado de otras personas puede conllevar cambios en la dinámica familiar y en las actividades sociales. Puede haber menos tiempo para mantener relaciones sociales y, en algunos casos, los cuidadores pueden experimentar efectos extremos que cambian las relaciones incluso después de que la enfermedad haya seguido su curso. Estos pueden incluir la infidelidad, el abuso conyugal o el divorcio. Las exigencias de tiempo de los cuidados a menudo limitan las oportunidades de acoplarse a actividades agradables, reduciendo el tiempo que el cuidador tiene para sí mismo.

Un estudio descubrió que los efectos psicológicos de los cuidados no se limitan al cuidador principal. En cambio, impregnan a toda la familia. Descubrió que los cuidadores de padres con demencia eran menos felices en sus matrimonios que los que no ejercían de cuidadores. Las decisiones sobre los cuidados pueden provocar conflictos familiares a través de discusiones sobre los límites, desaprobación de las acciones o actitudes de los familiares, desacuerdos sobre la naturaleza o gravedad del estado del paciente, falta de aprecio por los esfuerzos del cuidador principal, falta de apoyo, desaprobación de la calidad de los cuidados y desacuerdos sobre las finanzas. A veces, estos desacuerdos pueden llegar a ser tan intensos que desembocan en acciones legales o en la ruptura de relaciones.[4]

La otra cara de la moneda

Sin duda, estas nociones pueden ser desalentadoras, pero tenga en cuenta que se trata de situaciones posibles, no garantizadas. Una encuesta del Centro Nacional de Investigación de la Opinión reveló que el 83% de los cuidadores califican su experiencia como positiva. Se sienten bien retribuyendo a alguien que ha cuidado de ellos, y se sienten seguros y satisfechos de que el paciente está recibiendo una atención de calidad. También encuentran un crecimiento personal a través de la experiencia, y algunos de ellos sienten que a través de su ejemplo, las cosas cerrarán el círculo y sus propios hijos cuidarán de ellos cuando llegue el momento. Los que encuentran beneficios en su papel de cuidadores también sufren niveles más bajos de depresión.[5]

Tanto si se encuentra en medio de muchos de los retos anteriores simultáneamente, como si le resulta satisfactorio cuidar de otras personas, es primordial que se cuide. No hacerlo tendrá implicaciones negativas en todos los ámbitos de su vida física, mental, espiritual y emocional. Si no toma tiempo para sí mismo para encontrar momentos de atención y alegría, todos los que le rodean sufrirán junto con usted.

Es habitual que los cuidadores acaben enfermos sin ni siquiera darse cuenta. Sepa que no hay nada noble en ignorar sus propias necesidades y nada egoísta en atenderlas. Márquese objetivos relativos a su propio cuidado, como hacer ejercicio tres veces por semana o quedar con un amigo una vez a la semana. Busque soluciones en lugar de razones por las que deba anteponer sus propias necesidades.

---

4. Richard Schulz, Jill Eden, and Committee on Family Caregiving for Older Adults, "Family Caregiving Roles and Impacts," Families Caring for an Aging America - NCBI Bookshelf, November 8, 2016, https://www.ncbi.nlm.nih.gov/books/NBK396398/.

5. "Positive Aspects of Caregiving," *Https://Www.Apa.Org*, n.d., https://www.apa.org/pi/about/publications/caregivers/faq/positive-aspects.

Comuníquese con otros cuidadores, profesionales sanitarios y familiares para que todo el mundo tenga claro cuál es su papel; usted no puede hacerlo todo y no es necesario que lo intente. Pida ayuda y acepte la que los demás estén dispuestos a darle.[6]

Actuar

Tome unos minutos para reflexionar sobre su experiencia como cuidador hasta el momento. Piense en las responsabilidades que ha tenido que tomar en este viaje. ¿En qué áreas podría necesitar más ayuda? Tome nota para poder pedir ayuda a familiares y amigos dispuestos, a organizaciones comunitarias o a su profesional sanitario. Busque grupos de apoyo en su comunidad que se adapten a su grupo demográfico. ¿La demencia del paciente ha afectado a su relación con él o a otras relaciones en la familia? ¿Puede usted o cualquier otra persona hacer algo para minimizar cualquier impacto negativo? Explorar las respuestas a estas preguntas es una forma de autocuidado.

En el próximo capítulo, exploraremos el exceso de trabajo, el agotamiento y el daño que cada uno de ellos puede causar. Encontrará estrategias que le ayudarán a gestionar su tiempo, sus emociones, la tensión financiera y la falta de sueño. También descubrirá formas prácticas de ponerse en primer lugar y dejar atrás el sentimiento de culpa.

---

6. "Taking Care of YOU: Self-Care for Family Caregivers - Family Caregiver Alliance," Family Caregiver Alliance, January 11, 2023, https://www.caregiver.org/resource/taking-care-you-self-care-family-caregivers/.

Cuidar De Sí Mismo

K endra, ¿cuándo fue la última vez que se tomó un tiempo para sí misma?». pregunté. Kendra puso los ojos en blanco.

«¿Me está tomando el pelo?», preguntó. No me reí.

«Mire, no tengo tiempo para mí. Apenas tengo tiempo para hacer todo lo que tengo que hacer por Sheila, sobre todo ahora que sigue cayéndose y haciéndose daño. ¿Tiempo para mí? Por favor...»

«¿Cuándo volverá Tyler a casa para otro descanso?» pregunté.

«En unas semanas, pero es joven. No es su responsabilidad», respondió ella.

«¿No dijo en repetidas ocasiones que quiere ayudar cuando esté cerca? ¿No le cree?» pregunté.

«Lo dice porque cree que es lo que debe decir. Como he dicho, es joven. ¿Dónde están todos esos adultos que dicen que nos quieren a Sheila y a mí pero que nunca vienen a ayudarnos? ¿Dónde están?» preguntó Kendra con lágrimas en los ojos.

«¿Les ha llamado y les ha pedido ayuda?» Respondí. Kendra se quedó callada. Las lágrimas corrían por su rostro.

«Tengo que hacerlo. Soy su hermana. Todos los demás no deberían tener que poner sus vidas en espera por ella como yo lo he hecho. ¡Una sola persona renunciando a todo es suficiente!»

«Si invitara a más gente, no tendría que renunciar a todo», respondí. Estaba sollozando, así que le di espacio para hacerlo. Estaba harta.

El agotamiento puede estar en el horizonte cuando empiece a sentir que ya no puede más. El agotamiento del cuidador es el agotamiento físico, emocional y mental que puede producirse cuando dedica su tiempo y energía a gestionar la salud y la seguridad de otra persona. Los síntomas del agotamiento incluyen sensación de cansancio que no se cura con una siesta o un día libre, estrés, retraimiento de los entornos sociales, ansiedad y depresión. El agotamiento puede afectar a una persona física, psicológica, financiera y socialmente. Esto ocurre cuando ha dedicado una cantidad desproporcionada de energía y dedicación a alguien o algo que no es usted, o cuando intenta hacer más de lo que es capaz o está equipado para hacer emocional, física o financieramente.

El agotamiento del cuidador es frecuente. De hecho, más del 60% de los cuidadores experimentan sus síntomas. Sin embargo, que algo sea común no significa que sea aceptable o indigno de atención.

¿Cuáles son los síntomas del agotamiento?

El agotamiento del cuidador se parece mucho a la ansiedad y la depresión. Los síntomas incluyen:

- Agotamiento emocional y físico

- Retiro de la familia, amigos y otros seres queridos

- Pérdida de interés en las actividades que suele disfrutar

- Sentimientos de desesperanza e impotencia

- Cambios en el apetito y el peso

- Cambios en los patrones de sueño

- Incapacidad para concentrarse

- Enfermedad

- Sentimientos de irritabilidad, frustración o ira hacia los demás

El papel de cuidador puede ser sin duda abrumador. Estos sentimientos son reales, son válidos y merecen su atención.

¿Qué siente el cuidador agotado?

El agotamiento no será igual para todos los cuidadores, pero hay sentimientos comunes asociados a él. Algunos de estos sentimientos incluyen:

- Ansiedad o miedo de que si hace algo mal, la persona a su cuidado sufrirá por ello

- Enfado o frustración porque la persona a su cuidado no está respondiendo positivamente a los cuidados que le presta

- Negación del estado real del paciente

- Culpabilidad por tomar tiempo para cuidar de sí mismo

- Negatividad a medida que la enfermedad del paciente continúa. Esto también puede presentarse como que ya no le importa si hace bien su trabajo.

- Aislamiento o soledad si carece de apoyo o siente que pedir ayuda es un signo de debilidad.

¿Qué causa el agotamiento del cuidador?

Cuando su energía se ha dedicado a cuidar de otra persona, es fácil dejar de lado sus necesidades. Aunque este intercambio de atención pueda tener sentido al principio e incluso parecer noble, tiene un costo. Cuando se descuida a sí mismo, pone en riesgo su propia salud emocional y mental, lo que repercute en la forma en que se siente sobre su capacidad para llevar a cabo sus responsabilidades con su ser querido. Este y otros factores pueden contribuir al agotamiento del cuidador:

- **Confusión de roles:** Convertirse en cuidador puede suceder de la noche a la mañana, lo que lo convierte en una experiencia confusa. Trazar una línea divisoria entre su papel como cuidador y su papel como hijo, cónyuge, hermano o amigo es todo un reto. A medida que surja su papel, puede haber una falta de claridad para usted y para otros miembros de la familia que le estén ayudando, lo que puede resultar estresante para todos.

- **Expectativas variadas:** Al principio, muchos cuidadores creen que su implicación en el cuidado del paciente será algo bueno, pero la realidad es que cuidar no es tarea fácil. Sí, puede ser gratificante, pero también es un reto. El espacio entre la expectativa y la realidad puede ser difícil de conciliar y equilibrar.

- **Falta de control:** Aunque hay cosas que puede controlar, hay muchas que no. Esos factores pueden incluir una falta de finanzas, recursos o habilidades que ayudarían mucho a planificar, gestionar y organizar los cuidados del paciente.

- **Demasiadas responsabilidades:** Como probablemente haya deducido de la información de los capítulos anteriores, cuidar es un gran rompecabezas con muchas piezas pequeñas. Si usted es el único cuidador, todas esas piezas son suyas para alinearlas. Si usted no es el único cuidador, a veces puede exigirse más de lo necesario.

- **No darse cuenta de que se está produciendo el agotamiento:** La mayoría de las personas ni siquiera se dan cuenta de que se están agotando mientras está ocurriendo, por lo que intentan seguir adelante como de costumbre. Esto repercute en la calidad de los cuidados que el cuidador puede proporcionar.

Aquí es donde Kendra se encontró a sí misma. En el ajetreo diario de horarios, citas, medicamentos, arrebatos, cuidar de la higiene de su hermana, intentar mantenerla a salvo y no saber nunca con qué cosa nueva y aterradora se despertaría una mañana cualquiera, Kendra no se dio cuenta de que estaba al límite de sus fuerzas. Apenas se acercaba a nadie para hablar de sus sentimientos debido a su sentimiento de culpa. En lugar de eso, se lo guardó todo y empujó a través de los minutos. Ella no se daba cuenta del daño profundo que se estaba haciendo a sí misma manejando las cosas como lo estaba haciendo.

¿Cuáles son los factores de riesgo del agotamiento del cuidador?

Puede estar en riesgo de agotamiento del cuidador si usted:

- No tiene a nadie que le releve cuando está cansado

- Siente que es el único que puede hacer su trabajo con éxito

¿Cuál es el impacto a largo plazo del agotamiento del cuidador?

El agotamiento del cuidador no es una sensación pasajera de cansancio que una tarde de relajación pueda curar. Se arraiga profundamente y puede afectar a su capacidad para atender al paciente y a usted mismo. Cuanto más tiempo esté en una función de cuidador, más riesgo tiene de sufrir agotamiento, lo que le hace más vulnerable a las afecciones físicas y mentales. Con el tiempo, es posible que se encuentre retrasando la atención preventiva o incluso el tratamiento necesario para una enfermedad que padezca. Además, si deja los síntomas de salud mental sin controlar, la calidad de vida caerá en picado para usted y para todos los que le rodean. En casos graves, el estrés y la depresión de los cuidadores pueden llegar a ser mortales.

¿Cómo se puede prevenir el agotamiento del cuidador?

Una estrategia eficaz es hablar abiertamente de sus experiencias y sentimientos con alguien en quien confíe, ya sea un amigo, un familiar, un terapeuta o un grupo de apoyo. Expresar lo que está pasando puede aliviar el estrés y proporcionarle apoyo emocional. También es importante que acepte sus sentimientos: reconozca que es normal sentirse abrumado o frustrado en ocasiones. Si establece objetivos realistas para su papel de cuidador y se informa sobre la enfermedad de su ser querido, podrá gestionar las expectativas y prepararse mejor para los retos que le esperan.

Además, reconocer sus limitaciones es clave para evitar el agotamiento. Comprenda que está bien pedir ayuda y delegar tareas cuando sea necesario. Dé prioridad al autocuidado asegurándose de descansar lo suficiente, acoplarse a actividades físicas y mantenga una dieta nutritiva. Estas prácticas no sólo son vitales para su salud, sino que también mejoran su capacidad para cuidar de su ser querido. Tomar descansos regulares, dedicarse a aficiones y mantener las conexiones sociales también puede reducir significativamente el riesgo de agotamiento, manteniéndole mental y físicamente fresco y más resistente en su viaje como cuidador.

¿Cómo recuperarse del agotamiento del cuidador?

El primer paso para recuperarse del agotamiento del cuidador es reconocer que lo padece. Después de eso, es hora de aprender a controlarlo o tratarlo. No existe una única solución para manejarlo, pero hay estrategias que puede utilizar para sentirse mejor:

- Hable con un profesional sanitario, como un consejero o un psicólogo.

- Dedique tiempo al autocuidado. No se salte sus propias citas sanitarias.

- Asegúrese de hacer ejercicio y de hacer regularmente cosas que le hagan sentir bien.

- Pida ayuda en sus responsabilidades como cuidador.

- Busque recursos locales que puedan ser útiles, como servicios de reparto de alimentos, centros comunitarios o atención a domicilio para el paciente.

- Considere los cuidados de relevo, un descanso temporal para los cuidadores principales. Los cuidados de relevo pueden durar desde unas horas hasta unas semanas y pueden tener lugar en el domicilio del paciente o en un centro asistencial. Vaya a ARCH National Respite Network and Resource Center para ver qué recursos hay disponibles cerca de usted.

Escanee el código QR para acceder al Servicio Nacional de Localización de Respiro:

¿Cuánto tiempo se tarda en superar el agotamiento del cuidador?

Una vez que sepa que está lidiando con el agotamiento y decida buscar ayuda, puede empezar a sentirse mejor en cuestión de días o podrían pasar meses antes de que vuelva a sentirse mejor. Cada situación es diferente. Sepa que cuanto antes se cuide, antes se sentirá mejor, pero no empezó a sentirse mal de la noche a la mañana, así que no mejorará de la noche a la mañana. Dese tiempo.

Agotamiento por compasión

Hay algo que se parece al agotamiento del cuidador llamado fatiga por compasión. El agotamiento del cuidador es un sentimiento de profundo agotamiento y estrés por cuidar de otra persona. La fatiga por compasión se produce cuando un cuidador toma el estrés emocional y el trauma de una persona a su cargo, lo que se traduce en una falta de empatía o de atención hacia el paciente. Ambos vacíos pueden producirse al mismo tiempo y ambos pueden afectar al cuidador. Esté atento al agotamiento por compasión, además del agotamiento. [1]

Los retos de ser cuidador

Ser cuidador familiar puede ser una experiencia hermosa, gratificante y satisfactoria, pero no está exenta de dificultades. Hay partes de la experiencia que puede que no prevea. Algunas de estas luchas son las siguientes:

- **Gestión del tiempo:** Los cuidadores pueden tener menos tiempo para sí mismos y para otros miembros de la familia y responsabilidades a las que estaban acostumbrados. El tiempo que dedican a cuidar de los demás puede significar sacrificar tiempo para otras cosas, como aficiones o vacaciones. Equilibrar los horarios en torno a los cuidados puede ser complicado e incoherente.

- **Estrés emocional y físico:** El 22% de los cuidadores afirman que su propia salud ha empeorado como consecuencia de la prestación de cuidados. Las enfermedades crónicas, como la demencia, son las que causan más estrés. Las exigencias físicas del cuidado también pueden cobrar factura.

- **Falta de intimidad:** Un reto que puede no venir a la mente hasta que se hace realidad es la falta de intimidad que sienten los cuidadores en el

---

1. Cleveland Clinic Medical Professional, "Caregiver Burnout," Cleveland Clinic, n.d., https://my.cle velandclinic.org/health/diseases/9225-caregiver-burnout.

hogar si un ser querido viene a vivir con ellos, especialmente si viven en un espacio pequeño. Puede ser difícil establecer límites para evitar una interacción constante.

- **Tensión financiera:** Dado que la mayoría de los cuidadores no reciben una remuneración, las finanzas pueden apretarse, especialmente si el cuidador tiene que dejar su trabajo para ofrecer ayuda. Cuanto más tiempo preste cuidados el cuidador, más presión financiera sentirá.

- **Privación de sueño:** La falta de sueño puede provocar una bola de nieve de otros problemas. Puede hacer que el cuidador sienta rápidamente que está quemando la vela por los dos extremos.

- **Depresión y aislamiento:** Los cuidadores familiares corren el riesgo de sufrir depresión por varias razones, una de las cuales es que sus obligaciones toman tanto tiempo que ya no son capaces de mantener conexiones sociales fuera del hogar.[2]

Muchos cuidadores no piden ayuda porque se avergüenzan de compartir la carga con otra persona. También pueden sentir que pedir ayuda es un signo de debilidad. Como resultado, el cuidador empieza a sentirse culpable, lo que interfiere en su capacidad para atender al paciente tan bien como podría hacerlo de otro modo.

Se están llevando a cabo esfuerzos políticos para ayudar a aliviar parte de la tensión financiera y emocional que puede causar el cuidado de otras personas. La Ley de Reautorización del Programa de Relevo Vital de 2020, que se convirtió en ley en 2021, permite a los estados poner en marcha programas coordinados de relevo vital y proporcionar recursos a los cuidadores sobre cómo acceder a los servicios en sus comunidades. Desde 2009, la mayoría de los estados han utilizado la financiación para proporcionar diferentes recursos a los cuidadores. Carolina del Norte, por ejemplo, ofrece 500 dólares de reembolso por cuidados de relevo

---

2. Adam Palmer, "The Challenges Facing a Family Caregiver," *Senior Living & Nursing Homes in Indiana | ASC* (blog), March 30, 2021, https://www.asccare.com/the-challenges-facing-a-family-caregiver/.

a los cuidadores no remunerados, dando prioridad a los que tienen una gran necesidad económica. Corrie, una cuidadora a la que United States of Care (unit edstatesofcare.org) entrevistó, afirma que cuando se es cuidador, «tu cerebro está funcionando para dos personas todo el tiempo», una imagen vívida de la tensión a la que se enfrentan los cuidadores para atender a sus seres queridos.[3]

Cómo afrontar el sentimiento de culpa

Kendra sintió esta presión de funcionar para dos personas y sintió que su vida había terminado tal y como la conocía. En un momento dado, Sheila tuvo gripe y estuvo en cama una semana. Cuando eso ocurrió, Kendra sintió una sensación de libertad. Se sintió menos culpable por pedirle a un asistente sanitario a domicilio que viniera a sentarse con Sheila mientras ella estaba fuera unas horas, ya que Sheila estaba durmiendo y no notó su ausencia. Pero junto con una sensación de libertad, sintió aún más culpa. Kendra se preguntó si no quería a su hermana porque estaba tan contenta de estar lejos de ella durante un tiempo. No podía recordar la última vez que tuvo un día en el que no estuviera triste, enfadada, frustrada o avergonzada, y esos sentimientos solo se agravaban cuando pensaba en lo terrible que se sentiría una vez que Sheila se hubiera ido.

De todas las emociones complejas que acompañan a la prestación de cuidados, una de las más agobiantes es la culpa. El sentimiento de culpa es frecuente porque los cuidadores suelen tener expectativas poco realistas de sí mismos y se sienten inadecuados cuando no las cumplen. Reconocer el sentimiento de culpa cuando aparece es esencial para que el cuidador pueda evitar que afecte a la calidad de los cuidados del paciente. Como cuidador, es importante determinar cómo evaluar y reevaluar de forma realista sus capacidades para crear un equilibrio saludable en su vida.

---

3. 1 User USofCare, "Listening to Informal Caregivers: Outstanding Challenges and Needs," United States of Care, September 19, 2022, https://unitedstatesofcare.org/listening-to-informal-caregivers-outstanding-challenges-and-needs/.

La culpa del cuidador es «una manifestación negativa de la angustia experimentada al cuidar de un ser querido» y puede incluir sentirse deprimido, agobiado o ansioso. Algunos cuidadores sienten que no están haciendo lo suficiente por el paciente, pueden sentirse equivocados por el cambio de roles en la relación y pueden sentirse inadecuados por descuidar otros aspectos de la vida para proporcionar cuidados. A veces, las altas expectativas del paciente o los juicios inapropiados de otras personas hacen que el cuidador se sienta culpable. Cuidar es tan duro como hermoso y necesario, y sus dificultades pueden provocar agotamiento mental. Significa hacer malabarismos con múltiples tareas, funciones y responsabilidades mientras descuida otras cosas de las que es responsable. Puede invitar a la autoculpabilización si el cuidador piensa erróneamente que podría haber hecho algo para mejorar el estado del paciente. Puede hacer aflorar relaciones no resueltas y el resentimiento por haber perdido tiempo personal que pensaban dedicar a otras cosas. Por último, puede surgir el sentimiento de culpa si llega el momento de ingresar al paciente en un centro asistencial si su capacidad para cuidar de su ser querido se agota. He aquí varias formas en que los cuidadores pueden hacer frente a estas emociones:

1. **Identifique cuándo se produce el sentimiento de culpa.** Permítase admitir sus sentimientos y dése espacio y gracia para sentirse así. No se juzgue duramente. Usted es un ser humano que atraviesa una experiencia difícil.

2. **Reevalúe sus expectativas.** Pregúntese qué es razonable exigirse a sí mismo. Puede hacer algo, pero no puede hacerlo todo.

3. **No reprima sus sentimientos.** Como cuidador, la ira, la frustración y la confusión son normales. Habrá momentos en los que no querrá ser cuidador. Póngase en contacto con un terapeuta para que le ayude a trabajar sus sentimientos si lo necesita.

4. **Conecte con los demás.** Acérquese a alguien. Puede ser un amigo, un familiar o un grupo de apoyo: alguien con quien pueda hablar de los momentos difíciles sin ocultar cómo se siente realmente.

5. **Dedíquese tiempo a sí mismo.** Aún tiene su propia vida. Vívala lo mejor que pueda y hágalo sin sentimiento de culpa.

6. **Vaya a terapia de grupo.** La terapia de grupo le ayuda a ampliar su perspectiva y a darse cuenta de que no está solo en esta situación. Escuchar de primera mano lo que están pasando otras personas puede normalizar sus sentimientos. Si no puede salir de casa con facilidad, existen grupos de apoyo en línea.

7. **Sea amable consigo misma y acepte que es humana.** Trátese con la misma amabilidad y compasión con la que trataría a un amigo si estuviera pasando por lo mismo que usted. Sea proactivo en su autocuidado y esté atento a los síntomas de agotamiento del cuidador.

8. **Céntrese en el tiempo de calidad y encuentre la alegría en los pequeños momentos.** Cuando agrava sus pensamientos con lo que ya está ocurriendo y lo que podría ocurrir, agrava sus problemas. La actualidad tiene bastantes problemas por sí misma, pero también tiene belleza si se es capaz de verla. Busque la alegría en el momento presente.

9. **Recuérdese a sí mismo todas las cosas positivas que ha hecho.** Cuando está cansado y abrumado, puede ser difícil recordar todo lo bueno que ha hecho. Haga una lista o lleve un diario de las cosas buenas que hace y de las cosas buenas que ocurren cada día, de modo que pueda consultarlas para recordar los aspectos positivos de su relación con su ser querido.

10. **No interiorice el comportamiento negativo de su ser querido.** La demencia puede cambiar la química cerebral de su ser querido hasta el punto de que su comportamiento negativo puede centrarse en usted en forma de insultos o acusaciones. Es importante recordar que hay que desprenderse de esos comportamientos. Esta versión de ellos no es una representación exacta de lo que realmente sienten hacia usted.

11. **Tenga confianza en sus decisiones.** Sea cual sea la decisión que tome,

estará haciendo lo que considere mejor con la información de que disponga en ese momento. Si las cosas cambian, recuerde que las decisiones que tomó antes se tomaron en circunstancias diferentes.

El sentimiento de culpa contribuye en gran medida al agotamiento del cuidador, así que cuanto antes reconozca los síntomas y busque ayuda, mejor. Si estas emociones se dejan pudrir, pueden provocar aislamiento, irritabilidad, ira, depresión y otras emociones negativas que pueden causar daños emocionales e incluso físicos al paciente y a usted mismo. Los cuidadores necesitan tener a alguien con quien hablar. Los profesionales de la salud mental son una gran opción, ya que pueden ayudar a los cuidadores a procesar sus emociones, establecer límites y expectativas realistas y añadir equilibrio a sus vidas. Los terapeutas también pueden enseñar habilidades de afrontamiento y resolución de problemas que servirán a los cuidadores a largo plazo. Al elegir un terapeuta, busque uno que esté familiarizado con las necesidades de los cuidadores y que sea empático con su difícil situación. Revise si su seguro le ayuda a cubrir los gastos.[4]

Todos hemos oído el dicho: «No se puede servir de una taza vacía». Si no se cuida, no tendrá nada que dar. Con demasiada frecuencia, confundimos sentido práctico con egoísmo, pero todos los demás se benefician cuando primero tomamos precauciones para nosotros mismos. Según Caregiver.org, «Si usted es un cónyuge cuidador de entre 66 y 96 años y sufre tensión mental o emocional, tiene un riesgo de morir un 63% mayor que las personas de su edad que no son cuidadores.» El autocuidado es una situación de vida o muerte. Exploremos las formas en que puede cuidar de sí mismo mientras cuida de su ser querido.

- **Tome la responsabilidad de su propio cuidado.** Usted no puede hacer nada contra la enfermedad que aqueja al paciente al que cuida, pero puede tomar la responsabilidad de su propio bienestar y hacer lo necesario para asegurarse de que se mantiene en buen estado de salud.

- **Identifique las barreras personales.** Muchas creencias de la infancia

---

4. Choosing Therapy, "Caregiver Guilt: Causes, Getting Help, & How to Cope," February 16, 2024, https://www.choosingtherapy.com/caregiver-guilt/.

nos influyen en nuestros años posteriores. Estas creencias a veces forman barreras que nos impiden cuidar de nosotros mismos. En lugar de ver el autocuidado como algo egocéntrico, pregúntese qué bien le hará al paciente si usted enferma o muere. Su mente tiende a creer lo que usted le dice, así que en lugar de culparse y sentirse frustrado, recuerde que está haciendo lo mejor que puede con lo que tiene. Usted es humano y necesita tomarse tiempo para sí mismo para poder mostrarse como la mejor versión de sí mismo.

- **Avance.** Una vez que conozca sus barreras al autocuidado, podrá tomar medidas para eliminarlas.

Esos pasos pueden incluir:

1. **Reducir el estrés personal reconociendo a tiempo las señales de alarma**, como la irritabilidad, los problemas de sueño y los olvidos, y actuando inmediatamente en consecuencia. Averigüe lo que está causando su estrés en primer lugar y haga ajustes. Identifique lo que puede y lo que no puede cambiar, y recuerde que la única persona a la que puede controlar es a usted mismo. Cuando pueda, tome medidas para reducir el estrés y haga lo que le funcione. Esto puede incluir hacer ejercicio con regularidad, practicar la atención plena y la meditación, garantizar un sueño adecuado, comer de forma saludable, conectar con los demás, limitar el tiempo de pantalla, acoplarse a técnicas de relajación, dedicarse a aficiones, tener mascotas y buscar ayuda profesional.

2. **Establecer objetivos sobre lo que quiere conseguir en los próximos 3-6 meses.** Puede tomarse un descanso de los cuidados consiguiendo un relevo, contratando a alguien que le ayude con las tareas de cuidado y acoplándose a actividades que le hagan sentirse más sano. Rompa sus objetivos en pequeños pasos para darse algunas victorias rápidas y hacer que los objetivos sean más alcanzables.

3. **Buscar soluciones a problemas que se sienten abrumadores.** Identifique el problema, enumere algunas soluciones posibles, seleccione una

solución y pruébela. Una vez que lo haya probado, evalúe los resultados y, si no son los ideales, pruebe otra solución. Afine la solución y realice los ajustes necesarios. Pida la opinión de otras personas que puedan tener ideas útiles y, si nada parece ayudar, acepte que el problema puede no tener solución todavía y opte por volver a examinarlo más adelante. Raquel se empeñaba en cocinar las comidas de su madre en casa. Se negaba a que su madre comiera comida rápida, algo frito, algo apto para microondas o algo azucarado. Sus intenciones eran buenas, pero cocinar tres comidas cada día además de las otras incontables tareas que tenía en su plato la estaba agotando. Consideró la posibilidad de pedir a sus familiares que colaboraran, pero no confiaba en que siguieran las pautas que ella sugería. Pensó en preparar comida los domingos, pero de nuevo, el tiempo era un factor real. Planteó su dilema en una reunión de un grupo de apoyo y alguien le sugirió que se suscribiera a un servicio de preparación de comidas. Encontró uno que se ajustaba a su presupuesto y le proporcionaba comidas nutritivas. Para su sorpresa, estaban deliciosos y su madre los esperaba con impaciencia. Encontrar formas de hacer su vida más fácil reportará enormes dividendos a su salud mental.

4. **Comunicarse de forma constructiva** utilizando afirmaciones del tipo «yo» en lugar de «tú» (*me siento enfadado* en lugar de *Tú me estás enfadando)*, respetando la forma de sentir de los demás, expresándose con claridad y precisión, y siendo un buen oyente puede reducir drásticamente las fricciones en la relación con su ser querido.

5. **Pedir ayuda y aceptarla.** No es realista pensar que puede ocuparse de todas las responsabilidades del cuidado de forma independiente. Si no cuenta con un sistema de apoyo de amigos o familiares dispuestos a echar una mano, busque ayuda en otros recursos, como los profesionales. Si cuenta con un sistema de apoyo de personas dispuestas a ayudarle, pídalo y sea específico. Pida a la gente que haga lo que les gusta (preparar comidas, pasar tiempo con el paciente jugando, etc.) y prepare una lista de lo que hay que hacer. Evite preguntar repetidamente a la misma persona y elija un buen momento para hacerlo y elabore un plan de acción con el

ayudante. Prepárese para vacilaciones o negativas, y no se lo tome como algo personal si eso ocurre. Por último, sea respetuoso y directo con su petición.

6. **Hablar con el médico.** Usted y el paciente pasarán mucho tiempo en la consulta del médico. No dude en hacer cualquier pregunta que tenga sobre el estado del paciente, su evolución o sus medicamentos. También puede preguntar al médico sobre lo que siente y experimenta como cuidador. Haga una lista de las preguntas que surjan entre visita y visita para no olvidar lo que quiere preguntar. También puede preguntar a la enfermera, que está bien informada y dispuesta a ayudarle. Tome a un amigo con usted para que le apoye y le «respalde la memoria».

7. **Hacer ejercicio** para conciliar mejor el sueño, aumentar la energía y el estado de alerta y reducir la tensión y la depresión es una de las mejores cosas que puede hacer por sí mismo. El ejercicio está disponible a través de una serie de actividades. Puede montar en bicicleta, levantar pesas, hacer yoga o pilates, o incluso realizar tareas domésticas o jardinería. Caminar es una forma estupenda de empezar y despejar la mente, y puede hacerlo al aire libre o en lugares cerrados como centros comerciales y tiendas de comestibles.

8. **Aprender de sus emociones le proporciona lecciones inestimables.** Las emociones son poderosas señales que nos hacen saber cuándo necesitamos frenar y prestar atención. Son herramientas que nos ayudan a comprender lo que ocurre externa e internamente. Puede que sus emociones le digan que ha llegado el momento de cambiar la situación de los cuidados, que está sufriendo algún tipo de pérdida, que está estresado o que ha llegado el momento de hacerse valer con respecto a sus necesidades.

La culpabilidad del cuidador puede presentarse en cualquier momento de la trayectoria del rol de cuidador. Puede que se sienta culpable por no haberse dado cuenta de sus propios síntomas y haber buscado ayuda antes. Puede que se sienta incapaz de proporcionar los cuidados que su ser querido necesita o de curarle con sus esfuerzos. Puede que se sienta culpable por no haber pasado suficiente tiempo con ellos en el pasado o mientras ha estado trabajando tan duro para cubrir sus necesidades a lo largo de la enfermedad. Recuerde que estos sentimientos son normales y que es importante recordar lo que puede y lo que no puede controlar. El único control real es el autocontrol, y la mejor manera de exhibir autocontrol a través de esta experiencia es mediante el autocuidado para que pueda estar en las mejores condiciones posibles para llevar a cabo su papel de cuidador. A modo de recordatorio, aquí tiene una lista de formas de hacerlo:

- Tome tiempo para usted. No se acostumbre a pensar que no puede hacer nada para aliviarse hasta que «todo esto termine».

- Siga una dieta equilibrada, beba mucha agua y haga ejercicio.

- Duerma lo suficiente y programe pausas de descanso a lo largo del día.

- Ponga límites a lo que puede hacer usted mismo y asegúrese de que su calendario es realista.

- Mantenga abiertas las líneas de comunicación con su sistema de apoyo y pida ayuda cuando o antes de necesitarla.

- Comparta sus sentimientos con alguien de confianza. Cuidar es una carga pesada que no debe intentar llevar sola.

- Dése crédito. Está haciendo un buen trabajo y eso marca la diferencia.[5]

- Establezca límites con el paciente y su sistema de apoyo para que nadie espere que usted sea todo, para todos, todo el tiempo.[6]

- Por último, si se siente abrumada y necesita a alguien con quien hablar,

---

5. UCSF Health, "Self-Care for Caregivers," ucsfhealth.org, May 8, 2023, https://www.ucsfhealth.or g/education/self-care-for-caregivers.

6. Sarah Cormell LCSW, "Finding Balance: Tips for Managing Caregiving and Self-care," Mayo Clinic Health System, June 30, 2023, https://www.mayoclinichealthsystem.org/hometown-health/featur ed- topic/caregiving-self-care-during-beyond-the-covid-19-pandemic.

llame o envíe un mensaje de texto al 988 para ponerse en contacto con la Línea de Ayuda contra el Suicidio y las Crisis. La ayuda está disponible 24 horas al día, 7 días a la semana.

Actuar

Repase las listas de este capítulo y destaque cinco cosas que puede hacer para mejorar su bienestar mental, físico y emocional. ¡Usted importa tanto como el paciente!

En el próximo y último capítulo, exploraremos qué ocurre cuando el cuidador ya no puede proporcionar los cuidados que el paciente necesita. Si llega el caso, estará preparado para los siguientes pasos necesarios para garantizar que su ser querido se encuentre en un lugar donde pueda recibir los mejores cuidados posibles.

Cuando Está Fuera De Su Control

Yo entré en la sala de reconocimiento y me encontré a Kendra y Sheila sonriendo. Hacía meses que no veía sonreír a Kendra. Se veía fresca, sus hombros estaban relajados y me saludó con brillo en los ojos.

«¿Cómo estás?» pregunté, emocionado por escuchar su respuesta. «¡Fantástico!», respondió ella.

Desde nuestra última visita, Kendra y Sheila habían acordado que había llegado el momento de que Sheila se trasladara a un centro de cuidados de larga duración. Se había caído varias veces más desde la caída que le causó el corte en el brazo y la alarma de la puerta sonaba cada vez más desde que su deambular había aumentado. En su frustración, Sheila se estaba volviendo más agresiva verbalmente con Kendra, lo que estaba desgastando la autoestima de ésta. Se sentía mal equipada para hacer cualquier cosa por su hermana, incluso las cosas que había estado haciendo durante meses sin ningún problema. Había pensado en subirse a su coche y conducir hasta quedarse sin carretera, pero sabía que eso no resolvería ningún problema. Cuando Kendra me expresó que no podía seguir cuidando de su hermana como hasta entonces, la acompañé en el proceso de admitir que quizá había llegado el momento de traspasar el cuidado de su hermana a otra persona y buscar el lugar que mejor pudiera hacerlo.

¿Cuándo lo sabe?

No existe un paso definitivo en la progresión de la demencia en el que un cuidador deba tomar la decisión de ingresar al paciente en un centro de cuidados de larga duración. Este punto llegará en un momento diferente para cada uno. Sin embargo, existen directrices que pueden proporcionar cierta claridad al cuidador sobre si ha llegado el momento.

La seguridad es la prioridad número uno. Suponga que ve que el comportamiento de su ser querido ya no es propicio para vivir solo o para su capacidad de seguir cuidándolo. En ese caso, es hora de plantearse su ingreso en un centro. La decisión no será fácil, sobre todo si otros miembros de la familia no están de acuerdo. En este caso, todos los implicados en la decisión deberían invitar a un médico o a un especialista en cuidados superiores al proceso de toma de decisiones para que aporte la autoridad de una opinión profesional.

Un profesional buscará señales de que ha llegado el momento de que el paciente ingrese en cuidados a largo plazo, como si se pierde o se agita con frecuencia o ha perdido la capacidad de mantener una conversación. Otros signos son que el paciente tiene un aspecto desaliñado o ha perdido peso. El médico intentará hacerse una idea de cómo lleva a cabo la persona mayor sus actividades cotidianas. Si les cuesta recordar cuándo deben comer o beber, tienen dificultades para vestirse adecuadamente según el tiempo que haga, no pueden bañarse con regularidad o a fondo, o tienen problemas de incontinencia, el médico podría sugerir un examen del estado mental. Si el paciente deja los electrodomésticos encendidos después de cocinar, ha acudido con más frecuencia a urgencias, tiene moretones que no puede explicar, ha estado deambulando o necesita ayuda para tomar los medicamentos programados, puede que haya llegado el momento de recibir cuidados para la memoria. Tenga en cuenta que esta decisión no es solo por seguridad; también es una decisión legal. Dejar que un familiar con demencia se cuide a sí mismo podría convertirse en un problema legal, cayendo bajo el umbral del maltrato o la negligencia de ancianos.

Una prueba del estado mental solo lleva unos minutos y puede hacerse en la consulta del médico. Mide la concentración, la memoria a corto plazo y la conciencia espacial. Si el paciente puede comunicarse, el examen puede proporcionar una línea de base para el seguimiento de los síntomas de la demencia. El médico hará que el paciente repita palabras y luego recordarlas más tarde en la cita, deletrear palabras sencillas al revés, sumar y restar ecuaciones fáciles, dar a los objetos su nombre propio y comprender las señales visuales y espaciales, como dónde se encuentra un objeto en la habitación. También harán preguntas para evaluar el juicio del paciente en diferentes escenarios. Tras la prueba, el paciente puede ser remitido a un neurólogo u otro especialista. Estas evaluaciones aclaran cuánto ha disminuido la cognición del paciente y el nivel de apoyo que necesita. Si no es posible mantener al paciente seguro, estimulado y cómodo, puede que haya llegado el momento de plantearse los cuidados fuera del hogar.

Cuidados profesionales a domicilio

Una opción para manejar la carga de los cuidados en la demencia avanzada es contratar asistencia profesional a domicilio. Proporcionan un apoyo esencial a las personas con demencia, permitiéndoles mantener una sensación de independencia y comodidad dentro de sus propios hogares. Estos servicios pueden obtenerse a través de diversos canales, como las contrataciones privadas basadas en recomendaciones personales o en el boca a boca, las plataformas de contratación en línea o las redes sociales, y las agencias profesionales especializadas en servicios de atención domiciliaria. Las contrataciones privadas suelen permitir una conexión más personal y, potencialmente, una mayor flexibilidad a la hora de organizar los horarios de los cuidados, mientras que las agencias ofrecen la ventaja de contar con cuidadores preseleccionados y formados que se adaptan a las necesidades específicas de la persona con demencia. Las agencias también proporcionan una capa de supervisión y responsabilidad que puede ser tranquilizadora para las familias.

Existen varias plataformas y servicios que pueden ayudar a las familias a encontrar proveedores de cuidados a domicilio para personas con demencia u otras necesidades asistenciales. Estas plataformas ofrecen una amplia gama de opciones, desde la búsqueda de cuidadores individuales hasta la conexión con agencias profesionales. He aquí algunas notables:

1. **Care.com**: Se trata de una de las plataformas más grandes y conocidas para encontrar una gran variedad de cuidadores, incluidos los proveedores de cuidados a domicilio. Los usuarios pueden buscar cuidadores en función de sus necesidades específicas, ubicación y otros criterios. Care.com también ofrece opciones de comprobación de antecedentes para mayor seguridad.

2. **Caring.com**: Especializada en el cuidado de personas mayores, Caring.com ofrece recursos y listados de agencias de cuidados a domicilio, residencias asistidas y otros servicios de cuidado de ancianos. También ofrece amplias guías y consejos para elegir las opciones asistenciales adecuadas.

3. **HomeCare.com**: Esta plataforma se centra en poner en contacto a familias con cuidadores profesionales a domicilio. HomeCare.com preselecciona a todos los cuidadores y ofrece servicios de emparejamiento basados en las necesidades y preferencias específicas de la persona que requiere los cuidados.

4. **AgingCare.com**: AgingCare.com ofrece una plataforma en la que las familias pueden encontrar y contratar cuidadores, así como acceder a recursos y apoyo de una comunidad de cuidadores que comparten consejos y experiencias relacionadas con el cuidado de ancianos.

5. **Honorcare.com**: Como empresa de asistencia domiciliaria impulsada por la tecnología, Honor se asocia con agencias locales para proporcionar una red de cuidadores. Utilizan la tecnología para emparejar a los profesionales de la atención con las familias en función de las necesidades específicas de atención, las preferencias y los horarios.

6. **VisitingAngels.com**: Visiting Angels, una de las principales franquicias nacionales de atención domiciliaria, ofrece servicios personalizados de

atención a domicilio, incluida la atención a la demencia. Ofrecen servicios integrales de selección y adecuación de cuidadores.

7. **Sittercity.com**: Conocida principalmente por sus servicios de canguro, Sittercity también ofrece servicios de cuidado de personas mayores. La plataforma permite a las familias publicar ofertas de empleo y entrevistar a los candidatos para encontrar un cuidador que se ajuste a sus necesidades.

Al utilizar estas plataformas, es importante que las familias lleven a cabo las diligencias debidas, como comprobar las referencias, realizar entrevistas y asegurarse de que el cuidador o la agencia se ajustan a su situación específica. Además, tener en cuenta la reputación de la plataforma, las medidas de seguridad que toman a la hora de investigar a los cuidadores y el apoyo que ofrecen en caso de problemas puede ayudar a que el proceso sea más fluido y seguro.

Pagar los cuidados a domicilio requiere una cuidadosa consideración de los recursos y opciones disponibles. Medicaid puede ser una fuente de financiación para quienes cumplan los criterios de elegibilidad, y suele cubrir los servicios de atención a domicilio para personas con bajos ingresos y activos. Para los que no reúnen los requisitos de Medicaid, pagar de su bolsillo es una opción, aunque puede resultar costosa con el tiempo. Alternativamente, algunas personas pueden tener un seguro secundario a Medicare, como Medigap u otras pólizas de seguro privadas, que pueden cubrir algunos, sino todos, los gastos de los cuidados a domicilio. Sin embargo, es importante tener en cuenta que estos planes de seguro suelen exigir que los servicios de asistencia a domicilio se obtengan a través de agencias autorizadas por Medicare para garantizar la calidad y legitimidad de los cuidados prestados.

Navegar por el panorama de los cuidados a domicilio requiere un equilibrio entre las preferencias personales, las consideraciones financieras y las necesidades específicas de la persona con demencia. Tanto si se opta por un cuidador privado como si se contratan los servicios a través de una agencia, el objetivo es garantizar que los cuidados prestados mejoren la calidad de vida de la persona con demencia, ofreciéndole apoyo, compañía y una atención especializada que aborde sus retos particulares. Debe explorar todas las opciones disponibles, incluidos los recursos estatales y locales, para tomar decisiones informadas que se ajusten a su situación financiera y a sus necesidades de cuidados.

Preguntas

Si los cuidados profesionales a domicilio no son una opción para usted y está pensando en trasladar a su ser querido a un centro asistencial, he aquí algunas preguntas que debe hacerse al considerar una decisión tan importante:

1. **¿Han comentado amigos o familiares los cambios de comportamiento?** Como cuidador que ve al paciente todo el día, todos los días, puede ser difícil notar los cambios que se producen de forma constante a lo largo de un periodo de tiempo. Sin embargo, las personas que ven al paciente con poca frecuencia pueden notar cambios drásticos con más facilidad. Por ejemplo, aunque Kendra se daba cuenta de cosas importantes, como la pérdida de equilibrio de Sheila, no se percató de cuánto peso había perdido Sheila hasta que Tyler se lo señaló durante una de sus visitas.

2. **¿El paciente muestra signos de agitación o agresividad?** Los cambios en el cerebro del paciente que le dificultan expresarse pueden hacer que se sienta inseguro, dando lugar a comportamientos agitados, agresivos o violentos. Estos comportamientos pueden ser peligrosos, especialmente cuando el cuidador es también una persona mayor. Sheila no se había vuelto físicamente violenta con Kendra, pero sin duda sus palabras se habían vuelto más hirientes. No podía mantener conversaciones enteras como antes, así que se volvía mordaz y negativa cuando se sentía incómoda y necesitaba expresarlo.

3. **¿Su familiar anciano está retraído o nervioso?** Los pacientes pueden declinar las invitaciones sociales y evitar sus actividades favoritas.

4. **¿Están cubiertas sus necesidades de higiene?** A medida que avanza la demencia, puede notar que alguien que cuidaba mucho su aspecto

en el pasado ya no lo hace. Además, la incontinencia puede hacer que el paciente lleve la ropa sucia, y el olor de su entorno puede volverse rápidamente desagradable.

5. **¿Su ser querido deambula?** Este es un signo común de que ha llegado el momento de acudir a un centro de atención a la memoria. La confusión o la desorientación pueden hacer que un paciente deambule lejos de casa sin darse cuenta, poniéndolo en situaciones muy peligrosas. Mientras que las cerraduras y las alarmas pueden ayudar a minimizar los riesgos en casa, los centros asistenciales tienen distribuciones únicas que mantienen a los pacientes seguros.

6. **¿Son seguras sus condiciones de vida?** Un paciente puede acumular objetos domésticos, descuidar la limpieza, comer alimentos en mal estado u olvidarse de recoger los excrementos de su mascota. Pueden tropezar y caerse con frecuencia, hacer un mal uso de aparatos o productos químicos peligrosos o encontrarse en otras situaciones de riesgo. A medida que cambian las circunstancias, es posible que también deba cambiar el lugar donde vive el paciente.

7. **¿Se gestionan adecuadamente sus medicamentos?** Olvidarse de tomar los medicamentos o tomar demasiada cantidad de un medicamento puede provocar efectos secundarios graves. Aunque los horarios, las alertas y los organizadores de pastillas pueden ayudar. Inicialmente, los pacientes suelen necesitar más intervención a medida que su salud empeora.

8. **¿Está bien alimentado su ser querido?** Comer se convierte en un reto a medida que avanza la demencia. Los ancianos con demencia pueden requerir planes especiales de comidas para ayudarles con otras condiciones de salud; pueden comer en exceso u olvidarse de comer. Este cambio puede requerir cuidados especiales para ayudar a evitar cambios de peso significativos.

9. **¿Ha empezado a sentir el agotamiento del cuidador?** Extenuarse

bajo el peso de cuidar a un ser querido es perfectamente humano y normal. Si estos sentimientos no se abordan, pueden provocar más daño que el bien que podrá proporcionarle si sigue adelante sin intervenir.

10. **¿Se siente resentido?** Si no puede pensar en nada positivo sobre el paciente o la situación, o si se siente abrumado por la culpa, es posible que esté quemado. Considere si ha llegado el momento de entregar el peso del cuidado de su ser querido a profesionales.

11. **¿Los cuidados están afectando a su salud?** El agotamiento del cuidador puede tener graves consecuencias físicas y emocionales. Si su salud empeora, puede acabar poniéndose en peligro a sí mismo y al paciente.

12. **¿Están seguros usted y su familia?** La agresión de un paciente puede poner a otros en peligro físico, sexual o emocional. Puede parecer extraño que alguien a quien quieres tanto y que te quiere tanto pueda ponerte en peligro, pero los cambios de comportamiento se deben a cambios en el cerebro que el paciente no puede controlar. Si estos comportamientos se vuelven violentos, es hora de buscar ayuda.[1]

En sus últimas fases, la demencia puede requerir cuidados las 24 horas del día. Considere si puede proporcionarla a la luz de sus otras responsabilidades, como el trabajo, las relaciones familiares, la salud y la capacidad para llevar a cabo las necesidades médicas y personales del paciente. Piense si su hogar proporciona los elementos tecnológicos de seguridad y las terapias necesarias que sí ofrece un centro asistencial.[2] Si no es así, y si ha respondido afirmativamente a alguna de las preguntas de la lista anterior, comprenda que estos factores están fuera de su control. En ese momento, es inteligente, seguro y cariñoso ceder el cuidado de su ser querido a profesionales equipados para manejar estas situaciones en un

---

1. Chacour Koop, "Signs It's Time for Memory Care: 13 Questions to Ask," December 19, 2023, https://www.aplaceformom.com/caregiver-resources/articles/is-it-time-for-memory-care.

2. "7 Signs It's Time for Memory Care," © 2007-2024 AgingCare All Rights Reserved., n.d.,

entorno diseñado para proporcionarle la ayuda que necesita. Puede optar por contratar a un profesional de cuidados a domicilio o trasladar a su ser querido a un centro dependiendo de sus preferencias, finanzas y disponibilidad de recursos.

Tomar la decisión del cuidado de la memoria

Lo mejor es que la decisión de trasladarse a un centro asistencial sea una decisión compartida. Los cuidadores deben hacer un esfuerzo por implicar al paciente en la transición en la medida de lo posible, en lugar de forzarle a ingresar en un centro. La transición requiere proactividad por su parte para buscar el apoyo de los demás y ayudar a que el cambio sea lo más cómodo posible para el paciente. Cuando llegue el momento de plantearse los cuidados de larga duración, siga estos pasos:

Paso 1: Consiga el apoyo de sus familiares.

Antes de hablar con el paciente sobre el traslado a un centro asistencial, póngase en contacto con los familiares que puedan estar implicados en la decisión. De este modo, todos podrán presentar un frente unido. Si las personas implicadas en la decisión están divididas, utilice las siguientes estrategias para facilitar las cosas.

- **Practique la escucha activa.**

Cuando los demás expresen sus sentimientos sobre la mudanza, escuche lo que dicen. Valide sus opiniones con frases como: «Entiendo que esto sea frustrante». Reformule sus declaraciones para que sepan que está prestando atención. Puede volver a contarles sus pensamientos diciéndoles: «Parece que sientes o piensas...». Hacer esto también ayuda a evitar malentendidos. Utilice afirmaciones del tipo «yo» en lugar de «tú» como «Siento que mamá/papá no están seguros en casa» y formule preguntas que muestren curiosidad por su punto de vista como «¿Qué es lo que más le preocupa de que mamá/papá se traslade a un centro de cuidados a largo plazo?»

- **Busque una opinión externa creíble.**

Cuando los miembros de la familia tienen dificultades para ponerse de acuerdo, un tercero puede aportar una visión que puede conducir a un consenso. Esta persona puede ser alguien con experiencia en la vida de las personas mayores, el médico de cabecera del paciente, un gestor de cuidados geriátricos o un neurólogo. Un profesional médico también puede proporcionar una evaluación para ayudar a los familiares a solidificar la decisión de trasladar al paciente.

- **Detalle la experiencia del cuidador principal.**

A menudo surgen tensiones entre el cuidador adulto que se ocupa de la mayor parte de los cuidados y otros hermanos adultos. Como cuidador principal, lleve un diario y comparta actualizaciones sobre el estado del paciente por correo electrónico. Esto proporciona un mayor nivel de conocimiento a los familiares sobre el estado del paciente y sirve como rastro documental.

Paso 2: Visite por su cuenta los centros de atención a la memoria.

Si explora los centros de asistencia por su cuenta, podrá investigar las comodidades y actividades que ofrecen y que cree que su ser querido apreciará. Recorriendo las instalaciones al principio del proceso, la familia puede trasladar al paciente más rápidamente en caso de un repentino deterioro de su salud. Hablaremos de cómo elegir el hogar adecuado para su ser querido más adelante en este capítulo.

Paso 3: Considere a quién incluir en la conversación.

A la hora de determinar quién debe tener voz y voto a la hora de ingresar a su ser querido en un centro asistencial, tenga en cuenta la dinámica de su familia. Si el paciente mantiene una relación estrecha con varios hijos adultos, puede ser conveniente celebrar una reunión familiar de colaboración para que su ser querido pueda escuchar diferentes puntos de vista de todas las personas en las que confía.

Los pacientes sensibles sobre su enfermedad podrían preferir una conversación individual con el cuidador familiar principal. Si son hostiles, puede que necesiten hablar con un médico o profesional sanitario por su credibilidad. Supongamos que el paciente requiere cuidados rápidamente debido a una urgencia. En ese caso, una conversación individual puede ser la forma más eficaz de tomar una decisión, ya que puede que no haya tiempo para reunir a toda la familia.

Paso 4: Elija el momento y el lugar adecuados.

Una vez que sepa quién participará en la conversación, puede hacer que ésta tenga más éxito si la mantiene por la mañana, cuando sus mentes están despiertas, elija un lugar cómodo y seguro y utilice un lenguaje corporal de apoyo y señales visuales para transmitir su punto de vista.

Paso 5: Establezca una línea central o guión.

Antes de que la familia inicie la conversación con el paciente, deben ponerse de acuerdo sobre el mensaje central de la conversación. Cada miembro debe evitar aportar información contraria a la que otro verbaliza, ya que tal incoherencia puede confundir y agravar a alguien con pérdida de memoria. Mantenga el foco de la conversación en los aspectos sociales del centro asistencial, la seguridad del paciente y su calidad de vida. He aquí algunas pautas que le ayudarán a dirigir la conversación:

- **Céntrese en las ventajas de los cuidados para la memoria.**

Hablar a los pacientes sobre la seguridad y la amabilidad del personal puede ayudarles a aceptar la situación. Una vez que les hace saber que estarán en un lugar donde profesionales formados les tratarán bien y les ofrecerán los mejores cuidados posibles, el paciente suele sentirse más tranquilo. Incluso si hacen una afirmación como: «No me va a enviar a una residencia de ancianos», hágales saber que las cosas han cambiado mucho a lo largo de los años. Las instalaciones de hoy en día ofrecen servicio doméstico, comida nutritiva, oportunidades para que socialicen con otros residentes y personal de apoyo formado.

- **Hable del plan para ahora, no para siempre.**

Evite el pánico centrándose en el día de hoy y no en el resto de la vida del paciente. Cuando los pacientes piensan que van a trasladarse a un centro asistencial para siempre, es más probable que se resistan a la mudanza. Sin embargo, cuando usted enmarca el traslado como una medida temporal, la atención de su ser querido tiende a centrarse más en estar hoy en el centro que en permanecer en él para siempre.

- **No se convierta en el malo de la película.**

Traslade la responsabilidad de la decisión a los profesionales sanitarios en lugar de asumirla toda usted. Si el paciente no quiere ir, hágale saber que el médico se lo recomienda.

Qué hacer cuando el paciente dice «no».

Si lo ha hecho todo bien y el paciente sigue mostrándose indeciso u hostil, no se preocupe; es una reacción habitual. Los médicos dicen que debe esperar un rechazo como respuesta inicial del paciente.

Si se encuentra en la tesitura de tener que lidiar con un rechazo:

1. **Intente comprender la emoción que subyace a la reacción.** Nadie quiere renunciar a su independencia y abandonar su hogar. Empatizar con el paciente sobre lo desconocido puede tranquilizarle.

2. **Póngase en el lugar del paciente.** Como sabe, una vez que la demencia alcanza una fase determinada, los procesos de pensamiento del paciente cambian. Considere cómo habrían reaccionado ante la noticia antes de que su salud diera un giro a peor. Piense en lo que desearía si usted fuera el paciente y alguien tuviera que tomar la misma decisión en su beneficio.

En caso de emergencia, las familias pueden apoyarse en herramientas como el poder notarial (POA, por sus siglas en inglés) o la tutela, que permiten a los cuidadores tomar decisiones en nombre del paciente cuando su memoria o su juicio están deteriorados.

Definiciones:

- **Poder notarial (POA):**

Un poder notarial es un documento legal que otorga a una persona, conocida como el agente o apoderado, la autoridad para tomar decisiones y actuar en nombre de otra persona, conocida como el poderdante. El alcance de la autoridad otorgada por el poder puede ser amplio o limitado y suele incluir la gestión de los asuntos financieros, la toma de decisiones sobre la atención sanitaria o la gestión de tareas específicas. La autoridad del poder generalmente cesa si el poderdante queda incapacitado, a menos que se trate de un poder duradero.

- **Poder notarial duradero:**

Un poder notarial duradero es un tipo específico de poder que permanece en vigor incluso si el poderdante queda incapacitado o no puede tomar decisiones por sí mismo. El aspecto «duradero» se refiere al poder duradero del documento en tales circunstancias. Este tipo de poder es especialmente importante para la planificación a largo plazo, ya que garantiza que el agente pueda seguir actuando en nombre del mandante si este deja de ser mentalmente competente para gestionar sus asuntos.

- **Guardián:**

Mientras que el poder es designado por una persona, la tutela es concedida por el tribunal cuando el paciente ya no puede tomar decisiones sobre su propio cuidado. El tutor toma las decisiones sanitarias y financieras y se asegura de que se satisfagan las necesidades cotidianas del paciente. La tutela suele establecerse mediante un proceso legal en el que el tribunal determina la incapacidad del individuo y selecciona a un tutor adecuado. Las decisiones del tutor están sujetas a la supervisión del tribunal para garantizar que se atiende al interés superior del pupilo.[3]

Encuentre apoyo y suelte la culpa

Decidir cuándo ingresar a un ser querido en un centro de cuidados de larga duración puede ser una de las experiencias más emotivas del viaje del cuidado de la demencia. Mientras cuida de su ser querido, revísese a sí mismo. Este es un buen momento para conectarse con grupos de apoyo en persona o en línea, hablar con un terapeuta o consejero y recordarse a sí mismo que internar a su familiar en un centro que pueda satisfacer todas sus necesidades es un acto de amor.[4]

Cosas a tener en cuenta al elegir un hogar para su ser querido

Elegir un centro de cuidados de larga duración para el paciente a su cargo es una decisión importante que puede parecer abrumadora. Por eso es importante saber qué busca en una instalación ideal y hacer las preguntas adecuadas.

- **Elegir el tipo de centro asistencial más adecuado**

La atención residencial incluye viviendas para jubilados, vida asistida, residencias de ancianos, unidades de atención a la memoria y comunidades de jubilados con atención continuada. Cada tipo de centro está preparado para atender necesidades diferentes, así que consulte a su médico sobre qué opción se adaptaría mejor a su ser querido.

- **Participación familiar**

Pregunte por las directrices del centro relativas a la participación de la familia. ¿Animan a las familias de los pacientes a participar en la planificación de los cuidados? ¿Cómo alertan a las familias de los cambios en el estado y las necesidades del paciente? ¿Fomenta el personal la comunicación? Si el centro no fomenta la participación de la familia y una línea de comunicación abierta, es probable que se sienta inseguro, estresado y posiblemente incluso escéptico sobre el trato que recibe su ser querido.

- **Dotación de personal**

Una de las ventajas de un centro asistencial es que los profesionales médicos están allí para ocuparse de las necesidades médicas de los pacientes, así que haga preguntas sobre el grado de implicación de los profesionales sanitarios en las instalaciones. ¿Proporciona el centro atención médica? ¿Con qué frecuencia están presentes médicos y enfermeras? ¿Hay una enfermera titulada en el centro en todo momento? Si no es así, ¿cuál es el vínculo de la instalación con un establecimiento médico? ¿Ofrece el centro cuidados paliativos? ¿Se proporcionan cuidados personales y, en caso afirmativo, se adaptan a las necesidades específicas de cada paciente? ¿El personal está formado específicamente en la atención a la demencia? ¿Están equipados para manejar comportamientos desafiantes? ¿Cuál es la proporción entre residentes y personal? Cuando traspasa el cuidado a otra persona, quiere tener la seguridad de que está equipada para el trabajo y de que los profesionales adecuados estarán in situ en caso de que ocurra algo preocupante. Si el centro no puede garantizar este nivel de atención profesional, considere otras opciones si puede hacerlo.

- **Programas y servicios**

La salud mental y la socialización del paciente son una parte esencial de su plan de cuidados, así que infórmese todo lo que pueda sobre los programas y servicios que ofrece el centro. ¿Los pacientes disponen de los servicios y la programación adecuados en función de sus necesidades específicas de atención sanitaria y conductual, como grupos reducidos o salas tranquilas? ¿Hay actividades planificadas y puede consultar un programa para ver en qué consisten? ¿Hay transporte disponible para las citas médicas y las compras? ¿Se ofrecen terapias físicas, del habla, ocupacionales o recreativas a los residentes? ¿Se ofrecen servicios y celebraciones religiosas? Es importante que los pacientes sientan que la vida continúa después de mudarse a una nueva residencia. Si los programas de este tipo disponibles en un centro son limitados o inexistentes, es más fácil que los pacientes caigan en la depresión y en sentimientos de aislamiento.

- **Residentes**

Cuidar la dignidad de su ser querido es primordial a la hora de elegir un centro de cuidados de larga duración. Haga preguntas sobre cómo trata el personal a los residentes. Cuando se trata de cuidados personales como el baño, el aseo y el retrete, ¿los realizan con respeto y dignidad? ¿Existe un cargo económico adicional por servicio? ¿El personal está dispuesto a mantener el horario que usted ya había establecido en el entorno de cuidados en casa? ¿Están los residentes cómodos y relajados? ¿Participan en las actividades que ofrece el centro? ¿Con qué frecuencia sufren caídas los residentes en el centro? ¿Los residentes con enfermedades psiquiátricas como diagnóstico principal comparten la misma unidad que los que padecen demencia? Nada es más importante que la seguridad y el bienestar de su ser querido, así que no sea tímido ante preguntas como ésta Si por alguna razón se siente incómodo o cree que no se van a satisfacer sus necesidades, haga más preguntas para estar claro o siga explorando instalaciones hasta que una le parezca más su hogar.

- **Entorno**

Una de las razones por las que la gente se siente cautelosa respecto a los centros de asistencia es por la idea de que estas instalaciones resultan frías y desagradables. Los tiempos han cambiado y una de las primeras cosas que notará es lo acogedores que pueden ser estos lugares. Algunas cosas que debe observar mientras explora: ¿La instalación está libre de olores? ¿Las habitaciones están limpias y son espaciosas? ¿Permiten los espacios interiores la libertad de movimiento y fomentan la independencia, y son todos los espacios seguros, protegidos y vigilados? ¿Hay una zona designada para los visitantes? ¿Pueden los residentes traer objetos familiares de casa, como fotos y ropa de cama? ¡Algunos lugares incluso admiten mascotas! Cuanto más cálido sea el ambiente, mejor se sentirán tanto usted como el paciente. Pregunte también por los protocolos de aislamiento y visitas en caso de infecciones contagiosas como la gripe, COVID-19, enfermedades gastrointestinales, etc.

- **Comidas**

La alimentación es vital para la salud física, mental y emocional del paciente. Su nutrición es un componente vital de su plan de cuidados,y una comida que sepa bien afecta directamente a las emociones y a los sentimientos de cuidado y pertenencia. Infórmese de las normas y directrices relativas a la alimentación en las instalaciones que visite. ¿Existen horarios regulares para las comidas y los tentempiés, y son esos horarios flexibles para adaptarse al horario del paciente? ¿Puede ver e incluso probar de un menú la comida? ¿Se adaptan las comidas a las necesidades del paciente? ¿Hay distracciones ambientales a la hora de comer? ¿Se permite a los familiares y amigos acompañar al paciente en las comidas?[5] Las respuestas correctas a estas preguntas proporcionarán comodidad al paciente y, en consecuencia, tranquilidad a usted sobre los cuidados de su ser querido.

- **Valoraciones**

En Estados Unidos, puede consultar la herramienta de comparación de proveedores de Medicare para ver cómo se clasifican en una escala del uno al cinco los centros de cuidados de enfermería que esté explorando. Las instalaciones calificadas con un uno tienen valoraciones por debajo de la media, mientras que las calificadas con un cinco tienen las más altas. Las calificaciones de los centros independientes de cuidado de la memoria pueden encontrarse en varios sitios, los mejores de los cuales son los listados locales y regionales.

Tenga en cuenta que estas calificaciones pueden no garantizar que el centro tenga todo lo que usted busca, así que no deje que la calificación le cuente toda la

---

5. Alzheimer's Association, "Choosing a Residential Care Community," 2023, https://www.alz.org/media/documents/alzheimers-dementia-choosing-residential-care-ts.pdf.

historia.[6] A medida que explore diferentes centros, establezca unas pautas para los factores importantes en un centro asistencial frente a los factores decisivos. Hay algunos elementos en los que puede estar dispuesto a transigir y otros que deben estar absolutamente presentes. Podría aceptar una instalación buena o estupenda si no encuentra una que sea perfecta, así que determine sus no negociables mientras explora todas las opciones.

Escanee el código QR para acceder a la herramienta de comparación de proveedores de Medicare.

https://es.medicare.gov/care-compare/

- **Costos**

Evalúe el desembolso financiero completo. Sepa qué cubrirá el seguro de su ser querido, si es que cubre algo, y conozca todos los costos. Por ejemplo, la mayoría de los centros de vida asistida y de cuidados para la memoria exigen un pago inicial que es reembolsable si usted cambia de opinión y no ingresa a su ser querido en el centro. Sin embargo, una vez que ingresa a su ser querido, suelen exigir también una «cuota comunitaria» que no es reembolsable una vez que el paciente se muda. Los elevados costos podrían suponer un verdadero reto para muchas familias. Si la asequibilidad de la instalación es un problema para usted, le sugiero que 1. busque asesoramiento sobre la programación local y la ayuda financiera

---

6. "Five-Star Quality Rating System | CMS," n.d., https://www.cms.gov/medicare/health-safety- standards/certification-compliance/five-star-quality-rating-system.

del Departamento de Envejecimiento del estado y 2. se ponga en contacto con el Departamento de Envejecimiento del estado. Una vez que encuentre los fondos, busque cuidados a domicilio a tiempo completo, que son mucho más asequibles que un centro. Tenga en cuenta que en muchos casos, si su paciente es ingresado directamente del hospital a los cuidados de enfermería, el Medicare y el seguro secundario entran en acción y lo hacen mucho más asequible.

- **Preparativos para la mudanza**

Muchos centros visitarán a su ser querido en casa o en el hospital, o puede que le inviten a ver la casa antes de mudarse. Si se lo permiten, hable con un miembro del personal para informarle sobre el paciente. También puede recopilar un registro de la vida del paciente para facilitar la transición. Explore la posibilidad de organizar una breve estancia de respiro. Si al paciente le gusta el centro, puede que no tenga ningún problema en mudarse. El día de la mudanza, intente que el ambiente sea lo menos estresante y conflictivo posible y haga que la habitación del paciente sea cómoda y le recuerde a su hogar.

- **Recuérdese a sí mismo**

Trasladar a su ser querido a un centro puede ser un reto emocional. Puede que sienta que los ha perdido o que los ha defraudado. Puede sentirse solo o aislado. Puede que incluso se sienta culpable si siente alivio en su papel de cuidador. Todos estos sentimientos son normales. Intente volver a la vida que tenía antes de que el cuidado se convirtiera en su principal prioridad, y tenga en cuenta que, como ya no es el cuidador principal, su tiempo con el paciente puede ser más agradable y menos estresante.[7]

Antes de que Kendra tomara la decisión definitiva de trasladar a Sheila a un centro de cuidados de larga duración, se sentía culpable incluso de pensarlo. Decidió elaborar una lista con los pros y los contras de la atención continuada en casa. Fue entonces cuando la realidad de la situación pasó de pensamientos y emociones

---

7. "Considering a Care Home for a Person With Dementia - Dementia UK," Dementia UK, n.d ., https://www.dementiauk.org/information-and-support/specialist-diagnosis-and-support/consid ering-a- care-home-for-a-person-with-dementia/.

abstractos a una sinopsis en blanco y negro que podía mirar sobre el papel y saber que era real. Durante una visita anterior, le pregunté: «Si se tratara de otra persona, y usted estuviera mirando este mismo trozo de papel con estos mismos datos, ¿qué le recomendaría a este cuidador?».

«¡Les diría que buscaran ayuda ayer mismo!», respondió. Te mereces esa misma ayuda, Kendra», le dije. Y usted también.

Si se encuentra luchando con sentimientos de culpa, ábrase a alguien en quien confíe. Si tiene a alguien a quien pueda recurrir que haya estado en la misma situación, póngase en contacto con él para hablar de las cosas. A través de un diálogo honesto, podría encontrar consuelo sabiendo que puede dejarlo ir. Si se da cuenta de que se retracta de la promesa de que trasladar a su ser querido a otro lugar para su cuidado era algo que nunca haría, recuerde que las circunstancias cambian. Cuando lo hagan, es posible que las decisiones tengan que cambiar junto con ellos.

Incluso cuando ingresar a un ser querido en una residencia sea la mejor decisión racional, puede resultar difícil desprenderse de sus responsabilidades. Puede sentir que no ha hecho lo suficiente o que ha abandonado a su ser querido. Gestionar la culpabilidad de la decisión es un proceso continuo, así que empiece por averiguar qué desencadena estos sentimientos en usted y separe sus emociones de la racionalidad de la decisión. Recuerde que lo mejor puede que no siempre le parezca lo mejor, y que lo mejor puede que ya no sea suficiente. Una vez que haya aceptado que ya no puede satisfacer sus necesidades y que los trabajadores del centro asistencial son profesionales, podrá acomodarse más fácilmente a su nuevo papel: el de un ser querido de un paciente con demencia que ahora tiene menos presión y responsabilidad, lo que significa más capacidad para el amor y la empatía. Cuando vea que el centro está haciendo un gran trabajo para satisfacer las necesidades de su ser querido, se sentirá mucho más seguro de su decisión. Aun así, si por casualidad no se siente así, exploremos algunas formas de hacer frente a la culpa de ingresar a su ser querido en una residencia.

- **Dese cuenta de que están en buenas manos.** La finalidad de una residencia de ancianos es proporcionar cuidados a quienes los necesitan.

El que elija estará dirigido por profesionales cualificados y formados para atender las necesidades de los pacientes las 24 horas del día.

- **Piense en las ventajas de vivir en un centro asistencial.** Los pacientes pueden socializar, participar en actividades, comer bien y tener acceso a atención médica cuando la necesiten. Incluso pueden mejorar su independencia.

- **Cuídese.** Cuidar puede consumirle y tener efectos adversos en su bienestar. Concédase el espacio y la libertad necesarios para reanudar su estilo de vida y sus relaciones, que es muy probablemente lo que su ser querido querría que hiciera. Recuerde que sus necesidades son tan importantes como las de los demás.

- **Hable con alguien.** No se guarde sus sentimientos. El sentimiento de culpa es común, lo que significa que no está sola. Encuentre apoyo en otras personas que hayan pasado por lo mismo y, si lo necesita, busque la ayuda de un profesional de la salud mental.[8]

Desgraciadamente, no todos los pacientes ingresarán voluntariamente en cuidados de larga duración. Los pacientes con demencia pueden ser especialmente resistentes al cambio, y la transición de su entorno vital puede resultar muy estresante. Si este es el caso, mantener bajo control sus emociones, especialmente la culpa, es especialmente importante. Que no les guste el cambio no significa que no sea la mejor decisión. Es mejor empezar a hablar de la posibilidad de mudarse pronto para que no sea una sacudida cuando llegue el momento. Haga las diligencias debidas para poder presentar a su ser querido los hechos sobre las

---

8. Viktor Berg, "How to Cope with the Guilt of Putting Someone in a Care Home," Carehome.co.uk, August 1, 2023, https://www.carehome.co.uk/advice/how-to-cope-with-the-guilt-of-putting-a-lov ed- one-in-a-care-home.

instalaciones que está considerando. Lo más importante es que se encuentren en un lugar donde puedan satisfacer mejor sus necesidades.[9]

Actuar

Espero que cuando llegue el momento de plantearse el traslado de su ser querido a un centro de cuidados fuera del hogar, se sienta capacitado para tomar la mejor decisión sobre la evolución de sus cuidados. Conocer los signos que debe buscar en el paciente, el apoyo que necesitará de su familia y las características necesarias para un nuevo espacio vital adecuado ayuda a aportar claridad allí donde las emociones podrían, de otro modo, tomar el control. Repase este capítulo y destaque los signos que su ser querido pueda estar mostrando o los signos en usted mismo que hablen de agotamiento del cuidador y que puedan sugerir que ha llegado el momento de un cambio.

A estas alturas, espero que su comprensión de las realidades de la demencia sea menos misteriosa. Esta enfermedad conlleva muchos cambios dinámicos para el paciente, su familia y todas las personas de su sistema de apoyo. Afortunadamente, el conocimiento es una de las mejores formas de apoyo. Ahora que sabe lo que la demencia le hace al cerebro, cómo progresa, cómo adaptarse a su papel de cuidador, las estrategias para superar los días difíciles, cómo cuidarse a sí mismo mientras cuida de su ser querido y lo que está y no está bajo su control, puede utilizar este conocimiento para tomar decisiones calculadas que proporcionen los mejores resultados posibles para todos los que se verán afectados por el diagnóstico de demencia de su ser querido. Mientras se prepara para el viaje del cuidado de la demencia, utilice esta guía como referencia tantas veces como lo necesite.

Por encima de todo, recuerde cuidarse. Este viaje no es fácil y puede durar años. No obstante, si utiliza la información de este libro y se toma las cosas día a día, podrá desempeñar su papel de cuidador a largo plazo, y podrá hacerlo sin

---

9. ConnorFewings, "Dealing With the Guilt of Putting Your Parent in a Nursing Home," First Class Nursing & Care Homes in North Devon and Somerset, April 4, 2018, https://eastleighcarehomes.co.uk/blog/how-to-deal-with-the-guilt-of-putting-your-parent-i n-a-nursing- home/#:~:text=how%20you%20feel.-

desánimo ni agotamiento. Cuando empiece a sentir que todo es demasiado, no dude en acudir a la gran cantidad de personas y organizaciones de apoyo creadas exclusivamente para recorrer este camino a su lado. Cuidar es un acto noble. Descuidar su propio autocuidado no lo es.

Gracias por asumir la responsabilidad de cuidar de su ser querido mientras recorre este temible camino. Usted es un campeón. Usted será quien defienda las necesidades y deseos de su ser querido. Será un defensor y un hombro en el que apoyarse, a menudo el mismo día. Descubrirá partes de sí mismo que quizá no sabía que existían, y siempre será un ganador en la historia de su ser querido. Aunque su mente no siempre le recuerde, su corazón sí lo hará.

Conclusión

Recuerda el cuento «*Sopa de piedra*»? Un hombre viajaba y se detuvo en un pueblo para pasar la noche. Llamó a la puerta de una casa y le respondió una mujer. Le explicó que estaba de viaje y necesitaba un lugar donde quedarse. Le dijo que podía quedarse, pero que no tenía mucha comida. De hecho, nadie lo hizo porque la cosecha había sido escasa ese año.

«Está bien», respondió. «Me gusta comer sopa de piedra». «No se puede hacer sopa de piedra», se burló ella.

«Sí, puedo, si me da una olla y un poco de agua».

La señora le dio una olla y agua, que él puso al fuego y dejó caer su piedra dentro. Probó la sopa.

«¿Cómo está?», preguntó.

«Está bien, pero estaría mejor con un poco de sal», respondió. «¡Tengo un poco de sal!», respondió ella.

El viajero añadió la sal a la sopa. Justo entonces, un vecino llamó a la puerta.

«¿Qué está haciendo?», preguntó.

«Estamos haciendo sopa de piedra», dijo el viajero.

¿«Sopa de piedra»? Nunca la he probado», dijo el vecino, confuso.

«Bueno, debería probarlo. Está decente, pero estaría mucho mejor con unas zanahorias».

«¡Tengo una zanahoria!»

El vecino corrió a casa, regresó y añadió zanahorias a la sopa.

Una mujer que caminaba por la calle oyó la conversación y se dejó caer.

«¿Sopa de piedra, dice? ¿Qué es esto?», preguntó. «¡Es una sopa deliciosa!», dijo la vecina.

«Ah, sí, pero estaría aún más delicioso con un poco de col y una cebolla», añadió el viajero.

La señora metió la mano en su bolsa y dijo: «¡Tengo un poco de col aquí mismo, y también una cebolla!» y se las entregó para que las añadiera a la olla.

El hombre de la calle de abajo olió la sopa desde el porche de su casa y se dirigió a ella.

«¿Qué están haciendo aquí?», preguntó.

«Sopa de piedra», dijo la señora que había dado la col y la cebolla.

«Es delicioso, pero sería excepcional con un poco de pollo», sugirió.

«¡Vuelvo enseguida!», dijo el hombre del final de la calle. Corrió a casa y tomó un pollo sacrificado. Volvió y echó el pollo en la olla.

La madre del dueño de la casa pasó por allí para su visita vespertina. Preguntó qué estaban haciendo.

«¡Sopa de piedra!» dijeron todos al unísono.

«Es increíble, pero ¿sabe qué lo haría gourmet? Frijoles», dijo.

La madre se fue a casa y volvió enseguida con una bolsa de frijoles para añadir a la olla.

El grupo charló y rió hasta que terminó la comida y el viajero sirvió a todos de la olla de deliciosa sopa.

«Díganos, ¿de dónde ha sacado esa piedra mágica?», preguntó uno de los vecinos, sorbiendo la sopa en su boca.

«No es la piedra lo que es mágico; su voluntad de dar hizo que la sopa fuera especial».

Al día siguiente, el viajero recogió sus cosas y se marchó. El anfitrión le dio las gracias por haber hecho la mejor comida que nadie en la calle había probado en meses.

Tomó su bolsa, se inclinó el sombrero y respondió: «Cuando todos dan un poco de lo que tienen, todos acaban teniendo más de lo que creían tener». Y siguió adelante en su viaje.

Puede parecer que la demencia únicamente quita. Se necesitan recuerdos, personalidades y tiempo. Pero también brinda la oportunidad de que todos los que quieren al paciente contribuyan en lo que puedan, lo que ayuda a unir a la familia y hace que la situación sea más llevadera para todos. La demencia es realmente confusa, desafiante y francamente brutal en ocasiones y también es cierto que no existe una solución única para navegar por los altibajos del cuidado. Sepa que no está solo, y que recursos como los de este libro y un sistema de apoyo sólido pueden darle la fuerza necesaria para salir adelante.

Seis años después de la primera vez que conocí a Sheila y Kendra, me encontré con Kendra en el supermercado. Tenía un poco de prisa. Era su cumpleaños y estaba recogiendo algunas cosas que necesitaba para su fiesta. Mientras hablábamos, Tyler dobló la esquina y se unió a la conversación.

«¡Me alegro de verlos a los dos! ¿Cómo han estado?» pregunté.

«Me va muy bien», sonrió Kendra. «Solía sentirme mal diciendo eso, pero ya no. Vuelvo a hacer ejercicio, estoy en contacto con mis amigos y he decidido empezar a hacer cualquier cosa que se me ocurra y que me haga sentir viva», dijo.

«Es su cumpleaños. Vamos a celebrar una gran fiesta», añadió Tyler. «¡Feliz cumpleaños!» Le dije.

«Gracias. De hecho, nunca tuve la oportunidad de darte las gracias por todo. Me has ayudado mucho. No sabía por dónde empezar cuando descubrimos que Sheila tenía demencia, pero con la información que me diste, pude cuidar de mi hermana como sabía que quería y necesitaba que la cuidaran. Cuando ya no pude hacerlo yo misma, supe qué hacer en su lugar. Cuando terminó su lucha, una vez superada la pena inicial, pude mirar atrás y ver que la habíamos tratado con todo el amor y la dignidad que se merecía», dijo Kendra.

«No solo eso, sino que la tía Kendra era una estrella. Le presté atención en todo momento y ahora, si alguna vez me encuentro en esa situación, sabré qué hacer», añadió Tyler.

Salí de aquella conversación sabiendo que, con la información adecuada, podemos hacer cualquier cosa.

Ahora que puede detectar los síntomas de la demencia, entiende sus causas y conoce el valor de la intervención precoz, se sentirá menos intimidado para hablar de ello con su ser querido. Comprenderá mejor los cambios de comportamiento de su ser querido y será más empático con lo que está pasando. Avanzará más fácilmente hacia un lugar de aceptación de la situación en lugar de resistencia, lo que le preparará para dirigir conversaciones difíciles sobre el cuidado de su ser querido. Ahora ya sabe cómo hacer ajustes en el hogar y el estilo de vida de su ser querido para mantenerlo lo más seguro posible y dispone de una caja de herramientas de estrategias que le ayudarán a comunicarse con él de forma más eficaz durante las últimas fases de su enfermedad. Cuando su estado cambie con la progresión de la enfermedad, usted sabrá cómo manejar sus comportamientos desafiantes. Usted conoce la importancia de pasar tiempo de calidad con su ser querido y cómo hacerlo contribuye a su alegría y a la suya, y a estas alturas, su papel y responsabilidades como su cuidador están claros. Ha descubierto estrategias para evitar el agotamiento y encontrar el equilibrio y sabe cómo evaluar sus capacidades para continuar con el cuidado de su ser querido a medida que las cosas se vuelven más difíciles en las últimas fases de la demencia. El miedo suele provenir de lo que no conocemos. Ahora que sabe estas cosas, esperamos que se sienta más capacitada y menos indefensa.

Espero que la información y las historias de esta guía le ayuden a superar las dificultades que supone cuidar a un ser querido con demencia. Que la fuerza que encuentre aquí le permita convertirse en una fuente de consuelo y estabilidad para su ser querido.

Le animo.

Un Regalo Especial Para Usted

Como muestra de mi gratitud por la compra de este libro, tengo el placer de ofrecerle un regalo especial.

«Nutriendo la Mente: Guía Práctica para Cuidadores sobre la Alimentación del Paciente con Demencia» es una guía esencial que ofrece consejos nutricionales expertos para mejorar la salud del cerebro. Se centra en una hidratación óptima y en comidas fáciles de tragar y proporciona numerosas recetas adaptadas a las necesidades únicas de los pacientes con demencia, potenciando su función cognitiva.

Escanee el código QR para descargar ahora su copia GRATUITA.

Pasar La Antorcha Del Cuidado

Ahora que se ha armado con los conocimientos necesarios para proporcionar unos cuidados inigualables a su ser querido con demencia sin sentirse abrumado o perdido, es el momento de compartir su viaje y sus puntos de vista. Su honesta reseña de este libro en Amazon puede guiar a otros cuidadores hacia este valioso recurso, capacitándoles para ofrecer el mismo nivel de cuidados compasivos a sus seres queridos.

Al compartir sus pensamientos, no solo está reseñando un libro; está iluminando el camino de otras personas que navegan por la difícil senda del cuidado de la demencia. Su aportación puede marcar una verdadera diferencia en la vida de innumerables familias, mostrándoles que no están solas en su viaje.

Gracias por unirse a mí en esta misión. Juntos, compartiendo nuestros conocimientos, nos aseguramos de que la atención eficaz y sincera a las personas con demencia siga prosperando. Usted es una parte crucial de este legado continuo.

https://tinyurl.com/3w67wmrv

Si estás fuera de Estados Unidos, usa este enlace (https://mybook.to/Demencia) o código QR y desplázate hacia abajo hasta encontrar la sección de reseñas:

Referencias

Abraldes, Peter R. "Patience When Caring for Someone Living With Dementia - NursePartners, Inc." *NursePartners, Inc* (blog), February 20, 2018. https://www.nursepartners.org/patience-caring-for-someone-living-with-dementia/.

Admin. "The Important of Routine and Familiarity to Persons With Dementia." Alzheimers Project, June 7, 2020. https://alzheimersproject.org/the-importance-of-routine-and-familiarity-to-persons-with-dementia/.

Agency for Integrated Care. "Help Loved One Accept Dementia Diagnosis - Agency for Integrated Care," August 12, 2023. https://www.aic.sg/caregiving/help-loved-one-accept-dementia-diagnosis/.

Age Space. "What Is the Life Expectancy for Someone With Dementia?," January 19, 2024. https://www.agespace.org/dementia/life-expectancy#:~:text=Type%20of%20Dementia,-The%20type%20of&text=%2D%208%20to%2012%20years.

Alzheimer's Association. "Choosing a Residential Care Community," 2023. https://www.alz.org/media/documents/alzheimers-dementia-choosing-residential-care-ts.pdf.

Alzheimer's Disease and Dementia. "Accepting the Diagnosis," n.d. https://www.alz.org/help-support/caregiving/stages-behaviors/accepting_the_diagnosis.

Alzheimer's Disease and Dementia. "Alzheimer's Disease Facts and Figures," n.d. https://www.alz.org/alzheimers-dementia/facts-figures#:~:text=About%201%20in%209%20people,other%20dementias%20as%20older%20Whites.

Alzheimer's Disease and Dementia. "Bathing," n.d. https://www.alz.org/help- support/caregiving/daily-care/bathing.

Alzheimer's Disease and Dementia. "Chronic Traumatic Encephalopathy (CTE)," n.d. https://www.alz.org/alzheimers-dementia/what-is-dementia/related_conditions/chronic- traumatic-encephalopathy.

Alzheimer's Disease and Dementia. "Daily Care Plan," n.d. https://www.alz.org/help- support/caregiving/daily-care/daily-care-plan.

Alzheimer's Disease and Dementia. "Financial Planning," n.d. https://www.alz.org/help- support/i-have-alz/plan-for-your-future/financial_planning.

Alzheimer's Research UK. "What Is Frontotemporal Dementia? | Alzheimer's Research UK," January 24, 2024. https://www.alzheimersresearchuk.org/dementia-information/types-of- dementia/frontotemporal- dementia/#:~:text=Frontotemporal%20dementia%2C%20also%20known%20as,younger%2 0or%20older%20than%20this.

Alzheimer's Society. "Aggressive Behaviour and Dementia," December 13, 2021. https://www.alzheimers.org.uk/about-dementia/symptoms-and- diagnosis/symptoms/aggressive-behaviour-and-dementia.

Alzheimer's Society. "Alcohol-related 'Dementia,'" n.d. https://www.alzheimers.org.uk/about-dementia/types-dementia/alcohol-related-dementia.

Alzheimer's Society. "Can Genes Cause Dementia?," October 8, 2021. https://www.alzheimers.org.uk/about-dementia/risk-factors-and-prevention/can-genes- cause-dementia.

Alzheimer's Society. "Communicating and Dementia," n.d. https://www.alzheimers.org.uk/about- dementia/symptoms-and-diagnosis/symptoms/communicating-and-dementia.

Alzheimer's Society. "Delusions, Paranoia and Dementia," February 26, 2021. https://www.alzheimers.org.uk/about-dementia/symptoms-and-diagnosis/delusions.

Alzheimer's Society. "Dementia and Language," n.d. https://www.alzheimers.org.uk/about- dementia/symptoms-and-diagnosis/symptoms/dementia-and-language#content-start.

Alzheimer's Society. "Dementia Symptoms and Areas of the Brain," n.d. https://ww w.alzheimers.org.uk/about-dementia/symptoms-and-diagnosis/how-dementia- progresses/symptoms-brain#content-start.

Alzheimer's Society. "Explanation of the Functions of the Brain," March 18, 2021. htt ps://www.alzheimers.org.uk/about-dementia/symptoms-and-diagnosis/how-dementia- progresses/function-brain#content-start.

Alzheimer's Society. "Hallucinations and Dementia," February 26, 2021. https://www.alzheime rs.org.uk/about-dementia/symptoms-and-diagnosis/hallucinations.

Alzheimer's Society. "How Does Dementia Affect Sex and Intimacy?," n.d. https://www.alzheim ers.org.uk/get-support/daily-living/sex-intimacy-dementia#content- start.

Alzheimer's Society. "How to Communicate With a Person With Dementia," December 20, 2021. https://www.alzheimers.org.uk/about-dementia/symptoms-and-diagnosis/symptoms/how - to-communicate-dementia#content-start.

Alzheimer's Society. "How to Offer Help to Someone With Dementia Who Doesn't Want It," n.d. https://www.alzheimers.org.uk/blog/how-offer-help-someone-dementia-who-doesnt-want- it.

Alzheimer's Society. "Non-verbal Communication and Dementia," January 19, 2022. https://w ww.alzheimers.org.uk/about-dementia/symptoms-and-diagnosis/symptoms/non- verbal-communication-and-dementia.

Alzheimer Society of Canada. "Making Your Environment Safe," n.d. https://alzheimer.ca/en/ help-support/im-caring-person-living-dementia/ensuring-safety- security/making-your-environment-safe.

Alzheimer Society of Canada. "Understanding How Your Relationship May Change," n.d. ht tps://alzheimer.ca/en/help-support/i-have-friend-or-family-member-who-lives- dementia/understanding-how-your-relationship.

Alzheimer's Society. "Reducing and Managing Behaviour That Challenges," August 13, 2021. https://www.alzheimers.org.uk/about-dementia/symptoms-and- diagnosis/symptoms/managing-behaviour-changes.

Alzheimer's Society. "Ten Minutes of Social Interaction Improves Wellbeing in Dementia Care," July 30, 2018. https://www.alzheimers.org.uk/news/2018-07-30/ten-minutes-social- interaction-improves-wellbeing-dementia-care.

Alzheimer's Society. "The Progression and Stages of Dementia." *Factsheet 458LP*, September 2020. https://www.alzheimers.org.uk/sites/default/files/pdf/factsheet_the_progression_of _alzhei mers_disease_and_other_dementias.pdf.

Alzheimer's Society. "Understanding and Supporting a Person With Dementia," June 27, 2022. h ttps://www.alzheimers.org.uk/get-support/help-dementia-care/understanding-supporting- person-dementia.

Alzheimer's Society. "Understanding Parts of the Brain," March 18, 2021. https://www.alzheime rs.org.uk/about-dementia/symptoms-and-diagnosis/how-dementia- progresses/parts-brain#content-start.

Banovic, Silva, Lejla Junuzovic Zunic, and Osman Sinanovic. "Communication Difficulties as a Result of Dementia." Materia socio-medica, October 2018. https://www.ncbi.nlm.nih.gov/pmc/ articles/PMC6195406/.

Berg, Viktor. "How to Cope with the Guilt of Putting Someone in a Care Home." Carehome.co.uk, August 1, 2023. https://www.carehome.co.uk/advice/how-to-cope-with- the-guilt-of-putting-a-loved-one-in-a-care-home.

Cedars-Sinai. "How to Help a Loved One With Alzheimer's or Dementia," n.d. https://www.ce dars-sinai.org/blog/how-to-help-a-loved-one-with-alzheimers-or- dementia.html.

Choosing Therapy. "Caregiver Guilt: Causes, Getting Help, & How to Cope," February 16, 2024. https://www.choosingtherapy.com/caregiver-guilt/.

Dementia Australia. "Alcohol Related Dementia," n.d. https://www.dementia.org.au/about- dementia/types-of-dementia/alcohol-related-dementia.

Dementia Australia. "Childhood Dementia," n.d. https://www.dementia.org.au/about- dementia/types-of-dementia/childhood-dementia.

Dementia Australia. "Chronic Traumatic Encephalopathy (CTE) Dementia," n.d. https://www.d ementia.org.au/about-dementia/types-of-dementia/chronic-traumatic- encephalopathy-dementia.

Dementia Australia. "Dressing," n.d. https://www.dementia.org.au/support-and-services/familie s- and-friends/personal-care/dressing.

Dementia Australia. "Frontotemporal Dementia," n.d. https://www.dementia.org.au/informati on/about-dementia/types-of- dementia/frontotemporal-dementia.

Dementia Australia. "Genetics of Dementia," n.d. https://www.dementia.org.au/information/g enetics-of-dementia.

Dementia Australia. "HIV Associated Dementia," n.d. https://www.dementia.org.au/about- dementia/types-of-dementia/aids-related-dementia.

Dementia Australia. "Lewy Body Disease," n.d. https://www.dementia.org.au/about- dementia/types-of-dementia/lewy-body-disease.

Dementia Care Notes. "Improve the Quality of Life of Persons With Dementia | Dementia Care Notes." Dementia Care Notes, India, December 8, 2022. https://dementiacarenotes.in/caregiver s/quality-of-life/.

Dementia UK. "Considering a Care Home for a Person With Dementia - Dementia UK," n.d. h ttps://www.dementiauk.org/information-and-support/specialist-diagnosis-and- support/consid-ering-a-care-home-for-a-person-with-dementia/.

Department of Health & Human Services. "Dementia - Communication." Better Health Channel,

n.d. https://www.betterhealth.vic.gov.au/health/conditionsandtreatments/dementia- communi-cation.

Department of Health & Human Services, "Dementia - Eating," Better Health Channel, n.d., https://www.betterhealth.vic.gov.au/health/conditionsandtreatments/dementia-eating.

Dev, Hca. "How to Apply for Guardianship of a Parent With Dementia." Stowell Associates, March 9, 2022. https://stowellassociates.com/how-to-get-guardianship-of-parent-with- dementia/.

Dunleavy, Brian P. "Caregiving for Dementia: 8 Key Steps for Care Planning." EverydayHealth.c om, November 21, 2022. https://www.everydayhealth.com/dementia/caregiving-for-dementia-k ey-steps-for-care- planning/.

Family Caregiver Alliance. "Caregiver's Guide to Understanding Dementia Behaviors - Family Caregiver Alliance," March 9, 2024. https://www.caregiver.org/resource/caregivers-guide- understanding-dementia-behaviors/.

Family Caregiver Alliance. "Dementia, Caregiving, and Controlling Frustration - Family Caregiver Alliance," February 4, 2022. https://www.caregiver.org/resource/dementia-caregiving-and-controlling-frustration/.

Family Caregiver Alliance. "Taking Care of YOU: Self-Care for Family Caregivers - Family Caregiver Alliance," January 11, 2023. https://www.caregiver.org/resource/taking-care-you-self-care-family-caregivers/.

Fauth, Elizabeth B., Maria C. Norton, and Jessica J. Weyerman. "Maximizing the Quality of Life for Persons with Dementia." Healthy Aging. Accessed March 13, 2024. https://digitalcommons.usu.edu/cgi/viewcontent.cgi?article=2822&context=extension_cural 1.

Fewings, Connor. "Dealing With the Guilt of Putting Your Parent in a Nursing Home." First Class Nursing & Care Homes in North Devon and Somerset, April 4, 2018. https ://eastleighcarehomes.co.uk/blog/how-to-deal-with-the-guilt-of-putting-your-parent-in- a-nursing-home/#:~:text=how%20you%20feel.-

,Dealing%20with%20the%20guilt%20of%20putting%20a%20parent%20in%20a,to%20a%20 mental%20health%20professional.

"Five-Star Quality Rating System | CMS," n.d. https://www.cms.gov/medicare/health-safety-standards/certification-compliance/five-star-quality-rating-system.

Gaunt, Angelike. "What to Do When a Parent Is Diagnosed With Dementia: 10 Steps to Help You Move Forward," January 2, 2024. https://www.aplaceformom.com/caregiver- resources/articles/after-dementia-diagnosis.

Hayward, Jack, Charlotte Gould, Emma Palluotto, Emily Kitson, Emily Fisher, and Aimee Spector. "Interventions Promoting Family Involvement With Care Homes Following Placement of a Relative With Dementia: A Systematic Review." *Dementia* 21, no. 2 (December 11, 2021): 618–47. https://doi.org/10.1177/14713012211046595.

Hdoneux, and Hdoneux. "How Do You Convince Your Loved One With Memory Loss to See a Doctor? – Alzheimer's and Dementia Blog – Alzheimers' Association of Northern California and Northern Nevada." *Alzheimer's and Dementia Blog – Alzheimer's Association of Northern California and Northern Nevada* - (blog), January 10, 2019. https://www.alzheimersblog.org/2018/04/27/convince-loved-memory-loss-doctor/.

Healthdirect Australia. "Creating a Calming, Helpful Home for People With Dementia." Healthdirect, n.d. https://www.healthdirect.gov.au/creating-a-calming-home-for-people-with-dementia.

Homage. "How to Convince Your Loved One to Seek Help for Dementia - Homage," May 19, 2022. https://www.homage.sg/resources/how-to-convince-your-loved-one-to-seek-help-for- dementia/.

Home Care Assistance Winnipeg. "Why Nonverbal Communication Is Vital When Caring for Seniors With Dementia," January 21, 2022. https://www.homecareassistancewinnipeg.ca/importance-of-non-verbal-communication-in- dementia-care/.

"How to Help When Dementia Leads to Agitation," n.d. https://www.psychiatry.org/newsroom/apa-blogs/how-to-help-when-dementia-leads-to-agitation.

Institute for Healthcare Policy & Innovation. "Dementia's Financial & Family Impact: New Study Shows Outsize Toll," n.d. https://ihpi.umich.edu/news/dementias-financial-family-impact-new-study-shows-outsize-toll.

Koop, Chacour. "Signs It's Time for Memory Care: 13 Questions to Ask," December 19, 2023. https://www.aplaceformom.com/caregiver-resources/articles/is-it-time-for-memory-care.

LCSW, Sarah Cormell. "Finding Balance: Tips for Managing Caregiving and Self-care." Mayo Clinic Health System, June 30, 2023. https://www.mayoclinichealthsystem.org/hometown-health/featured-topic/caregiving-self-care-during-beyond-the-covid-19-pandemic.

Lewis, Kara. "How to Talk to Your Parent About Moving to Memory Care," January 31, 2024. https://www.aplaceformom.com/caregiver-resources/articles/how-to-talk-about-moving-to- memory-care.

Living, Carly Dodd Pacifica Senior. "Touch & Memory Care: The Power Of Touch Therapy for Dementia Residents." *Pacifica Senior Living* (blog), November 2, 2023. https://blog.pacificaseniorliving.com/blog/touch-memory-care-the-power-of-touch-therapy- for-dementia-residents.

Mayo Clinic. "Dementia - Symptoms and Causes - Mayo Clinic," February 13, 2024. https://ww w.mayoclinic.org/diseases-conditions/dementia/symptoms-causes/syc-20352013.

Moyle, Wendy. "Grand Challenge of Maintaining Meaningful Communication in Dementia Care."

Frontiers in Dementia 2 (March 3, 2023). https://doi.org/10.3389/frdem.2023.1137897.

Msw, Esther Heerema. "Shadowing in Alzheimer's Disease." Verywell Health, February 10, 2023. https://www.verywellhealth.com/shadowing-in-alzheimers-97620.

Msw, Esther Heerema. "The Benefits of Routines for People With Dementia." Verywell Health, July 29, 2022. https://www.verywellhealth.com/using-routines-in-dementia-97625.

National Institute on Aging. "Tips for Coping With Sundowning," n.d https://www.nia.nih.gov/health/alzheimers-changes-behavior-and-communication/tips- cop- ing- sundowning#:~:text=Late%20afternoon%20and%20early%20evening,tired%20caregivers%2 0need%20a%20break.

National Institute on Aging. "What Are Frontotemporal Disorders? Causes, Symptoms, and Treatment," n.d. https://www.nia.nih.gov/health/frontotemporal-disorders/what-are- fron- totemporal-disorders-causes-symptoms-and-treatment.

National Institute on Aging. "What Is Lewy Body Dementia? Causes, Symptoms, and Treatments," n.d. https://www.nia.nih.gov/health/lewy-body-dementia/what-lewy-body- de- mentia-causes-symptoms-and-treatments.

News-Medical. "Childhood Dementia Signs and Symptoms," September 3, 2018. https://www.n ews-medical.net/health/Childhood-Dementia-Signs-and-Symptoms.aspx.

Palm, Anniina, Risto Vataja, Tiina Talaslahti, Milena Ginters, Hannu Kautiainen, Henrik Elon- heimo, Jaana Suvisaari, Nina Lindberg, and Hannu Koponen. 2022. "Incidence and Mortality of Alcohol-Related Dementia and Wernicke-Korsakoff Syndrome: A Nationwide Register Study." *International Journal of Geriatric Psychiatry* 37 (8). https://doi.org/10.1002/gps.5775.

Palmer, Adam. "The Challenges Facing a Family Caregiver." *Senior Living & Nursing Homes in Indiana | ASC* (blog), March 30, 2021. https://www.asccare.com/the-challenges-facing-a- fami- ly-caregiver/.

PharmD, Anita Pothen Skaria. "The Economic and Societal Burden of Alzheimer's Disease: Managed Care Considerations." *AJMC*, November 8, 2022. https://www.ajmc.com/view/the-economic-and-societal-burden-of-alzheimer-disease- managed-care-considerations.

"Planning After a Dementia Diagnosis | Alzheimers.gov," n.d. https://www.alzheimers.gov/life-with-dementia/planning-for-future.

"Planning After a Dementia Diagnosis | Alzheimers.gov," n.d. https://www.alzheimers.gov/life-with-dementia/planning-for-future#health-care-planning.

"Planning After a Dementia Diagnosis | Alzheimers.gov," n.d. https://www.alzheimers.gov/life-with-dementia/planning-for-future#long-term-care-planning.

"Positive Aspects of Caregiving." American Psychological Association, 2011. https://www.apa.org/pi/about/publications/caregivers/faq/positive-aspects.

"Positive Aspects of Caregiving." *Https://Www.Apa.Org*, n.d. https://www.apa.org/pi/about/publications/caregivers/faq/positive-aspects.

Professional, Cleveland Clinic Medical. "Caregiver Burnout." Cleveland Clinic, n.d. https://my.clevelandclinic.org/health/diseases/9225-caregiver-burnout.

"Redirect Notice," n.d. https://www.google.com/url?q=https://www.alzheimers.org.uk/get- support/help-dementia-care/understanding-supporting-person-dementia-psychological-emotional-impact%23content- start&sa=D&source=docs&ust=1700597893263681&usg=AOvVaw0v_StyNEDGstR00WZi 0yAq.

Reed-Guy, Lauren. "The Stages of Dementia." Healthline, November 27, 2023. https://www.healthline.com/health/dementia/stages#fa-qs.

Samuels, Claire. "Caregiver Statistics: A Data Portrait of Family Caregiving in 2023," June 15, 2023. https://www.aplaceformom.com/senior-living-data/articles/caregiver-statistics.

Schein, Constance, RN. "8 Steps to Advocate for Your Loved One Living With Dementia | Aegis Living." Aegis Living, February 2, 2024. https://www.aegisliving.com/resource- center/advocate-for-your-loved-one-with- dementia/#:~:text=You%20can%20communicate%20their%20vulnerabilities,their%20needs

%20are%20being%20met.

Schulz, Richard, Jill Eden, and Committee on Family Caregiving for Older Adults. "Family Caregiving Roles and Impacts." Families Caring for an Aging America - NCBI Bookshelf, November 8, 2016. https://www.ncbi.nlm.nih.gov/books/NBK396398/.

Social Care Institute for Excellence (SCIE). "Dementia - SCIE." SCIE, October 19, 2023. https://www.scie.org.uk/dementia/symptoms/diagnosis/early-diagnosis.asp.

Team, Lifted. "How Do I Tell Family and Friends About a Dementia Diagnosis? - Lifted." Lifted, March 30, 2023. https://www.liftedcare.com/news/how-do-i-tell-family-and-friends-about-a-dementia-diagnosis/.

Tim, Corewood Care, and Tim. "How to Handle Dementia in Loved Ones - Corewood Care." Corewood Care - Home Care & Care Management, May 22, 2023. https://corewoodcare.com/handling-dementia-in-loved-ones/.

UCSF Health. "Self-Care for Caregivers." ucsfhealth.org, May 8, 2023. https://www.ucsfhealth.org/education/self-care-for-caregivers.

USofCare, User. "Listening to Informal Caregivers: Outstanding Challenges and Needs." United States of Care, September 19, 2022. https://unitedstatesofcare.org/listening-to-informal- caregivers-outstanding-challenges-and-needs/.

"Wandering." Alzheimer's Disease and Dementia. Accessed March 13, 2024. https://www.alz.org/help-support/caregiving/stages-behaviors/wandering.

Wang, Yunhe, Moxuan Liu, Qiaoyun Lu, Michael Farrell, Julia Lappin, Jie Shi, Lin Lü, and Yanping Bao. "Global Prevalence and Burden of HIV-associated Neurocognitive Disorder." *Neurology* 95, no. 19 (November 10, 2020). https://doi.org/10.1212/wnl.0000000000010752.

WebMD. "HIV And AIDS Dementia," December 31, 2006. https://www.webmd.com/hiv-aids/dementia-hiv-infection.

WebMD. "Psychosis: Causes, Symptoms, and Treatment," December 27, 2015. https://www.webmd.com/schizophrenia/what-is-psychosis.

"What Is Dementia and Its Impact on Daily Life as a Carer," n.d. https://www.carersfirst.org.uk /caring-for-someone-with/dementia-how-to-tell-family-and- friends/.

Why touch is important in Alzheimer's care | blog | right at ... Accessed March 13, 2024. https:/ /www.rightathome.net/boston-north/blog/touch-important-in-alzheimers-care.

World Health Organization: WHO and World Health Organization: WHO. "Dementia," March 15, 2023. https://www.who.int/news-room/fact-sheets/detail/dementia.

© 2007-2024 AgingCare All Rights Reserved. "7 Signs It's Time for Memory Care," n.d. https:/ /www.agingcare.com/articles/when-is-it-time-to-place-a-loved-one-with-dementia- 188309.htm.

www.ingramcontent.com/pod-product-compliance
Lightning Source LLC
Chambersburg PA
CBHW061149120626
46546CB00005B/1988